Eduard Schäfers

Auf dem Weg zur Weltgesellschaft

Grundlagen - Hemmnisse - Einigendes und Förderndes

Bibliografische Information der Deutschen Nationalbibliothek
Die Deutsche Nationalbibliothek verzeichnet diese Publikation in der
Deutschen Nationalbibliografie; detaillierte bibliografische Daten sind im Internet
über http://dnb.d-nb.de abrufbar.
1. Aufl. - Göttingen : Cuvillier, 2012

978-3-95404-153-4

© CUVILLIER VERLAG, Göttingen 2012
  Nonnenstieg 8, 37075 Göttingen
  Telefon: 0551-54724-0
  Telefax: 0551-54724-21
  www.cuvillier.de

Alle Rechte vorbehalten. Ohne ausdrückliche Genehmigung des Verlages ist
es nicht gestattet, das Buch oder Teile daraus auf fotomechanischem Weg
(Fotokopie, Mikrokopie) zu vervielfältigen.
1. Auflage, 2012
Gedruckt auf säurefreiem Papier

978-3-95404-153-4

Die Weltgesellschaft

Vorwort

Eine Weltgesellschaft ist am Entstehen. Die verschiedenen Voraussetzungen dafür sind schon da. Die Philosophie hat die neuen Leitwerte Einheit und Selbstveränderung aufgestellt. Diese ergänzen die alten Leitwerte Freiheit und Selbstbestimmung.

Heute sind sie zum Teil schon emotional umgesetzt in der Malerei und im Design. Die emotionalen Umsetzungen in der Musik und in der Literatur werden nachziehen sowie auch entsprechende Umsetzungen im Rechts-, Wirtschafts-, Politik- und Wissenschaftsbereich. Teilweise sind diese auch schon erfolgt.

Vielfach sind globale Entwicklungen in den genannten Bereichen aber noch kaum sichtbar, da sie von etlichen Hindernissen verstellt sind. Den Stand der Entwicklungen aufzuzeigen, Grundstrukturen der Weltgesellschaft zu erarbeiten und Lösungsvorschläge zu benennen ist Aufgabe dieses Textes.

Karlsruhe, im Juni 2012
Eduard Schäfers

Inhaltsübersicht

I.	**Grundlagen**	19
1.0	Allgemeine Grundlagen	21
2.0	Das räumliche Zusammenwachsen der Weltgesellschaft	23
3.0	Das zeitliche Zusammenwachsen der Weltgesellschaft	33
4.0	Weitere Voraussetzungen	39
5.0	Das Zusammenwachsen unterschiedlicher Kultur- und Bewusstseinsräume	47
II.	**Hemmnisse**	55
6.0	Der Agrar- und Umweltbereich	57
7.0	Der Wirtschafts- und Finanzbereich	95
III.	**Einigendes und Förderndes**	115
8.0	Kommunikation im Politik- und Wirtschaftsbereich	117
9.0	Der Kulturbereich. Kreativität	127
10.0	Neue Elemente und Strukturen im Wirtschaftsbereich	161
IV.	**Erweiterungskatalog der Grund- und Menschenrechte für eine Weltgesellschaft**	169
	Literaturverzeichnis	177
	Über den Autor	183

Inhaltsverzeichnis

Einleitung 17

I. Grundlagen 19
1.0 Allgemeine Grundlagen 21
2.0 Das räumliche Zusammenwachsen der Weltgesellschaft 23
2.1 Der Tourismus 23
2.2 Migrationen 26
2.3 Luftverkehr 28
2.4 Das Internet 31
3.0 Das zeitliche Zusammenwachsen der Weltgesellschaft 33
3.1 Einige Entwicklungen von der Altsteinzeit bis in das Jahr 1500 n. Chr. 34
3.2 Die Zeit von 1500 n. Chr. bis 1995 37
4.0 Weitere Voraussetzungen 39
4.1 Einseitigkeiten und Schieflagen entstehen durch geschlossene Denksysteme 39
4.2 Widersprüche und Gegensätze 41
5.0 Das Zusammenwachsen unterschiedlicher Kultur- und Bewusstseinsräume 47
5.1 Die Auflösung nationaler Grenzen 48
5.2 Neue Leitwerte 49
5.3 Das Weltbürgertum 50

II. Hemmnisse 55
6.0 Der Agrar- und Umweltbereich 57
6.1 Landbesitz als Voraussetzung menschlicher Existenz 59
6.1.1 Enteignung von Landbesitz 59
6.1.2 Enteignung von Saatgut 60
6.1.3 Landwirtschaft und Lebensmittel als Existenzgrundlage 60

6.2	Grundrechte für die Umwelt	62
6.2.1	Die Folgen des Klimawandels	64
6.2.2	Die Fluor-Chlor-Kohlenwasserstoffchemie	67
6.2.3	Die Treibhausgase und das Ozonloch	69
6.2.4	Der saure Regen, das Waldsterben und die Versauerung der Meere	74
6.3	Die Landwirtschaft als zentrales Konfliktfeld zwischen Nord und Süd	75
6.4	Der globale Ressourcenverbrauch	78
6.5	Die Verbindungen zwischen Land- und Energiewirtschaft	85
6.6	Die „Grüne Revolution"	86
6.7	Verdrängung örtlicher Produzenten. Verringerung der Biodiversität	91
6.8	Die Zukunft im Agrarbereich	92
7.0	Der Wirtschafts- und Finanzbereich	95
7.1	Die Chemie-Wirtschaft	95
7.2	Die Öl-Wirtschaft	97
7.3	Fehlentwicklungen in der Finanz-Wirtschaft	100
7.4	Zur historischen Entwicklung des Geldes und des Finanzsektors	101
7.5	China als neue Wirtschaftsmacht	105
7.6	Die aufgeblähte Kreditwirtschaft	108
7.7	Die Grundlagen für die Zukunft	111
III.	**Einigendes und Förderndes**	**115**
8.0	Kommunikation im Politik- und Wirtschaftsbereich	117
8.1	Schwierigkeiten bei der Kommunikation zwischen Menschen	118
8.2	Verbesserung der zwischenmenschlichen Kommunikation durch Runde Tische	119
8.3	Regeln für den zwischenmenschlichen Dialog am Runden Tisch	120
8.4	Schulungen	125
9.0	Der Kulturbereich. Kreativität	127
9.1	Älteres und neues Denken. Neue Kultur und neue Kunst	127
9.2	Die Bedeutung von Kultur und Kunst	128
9.3	Der Stellenwert für Image und Marketing	130
9.4	Die Entwicklungen in der Kunst	133

9.4.1	Die Malerei	133
9.4.2	Die Musik	134
9.4.3	Musik für alle Kulturräume	138
9.5	Das Design als Botschafter eines humanen Wirtschaftssystems und eines neuen Bewusstseins	140
9.5.1	Der Farbkreis	141
9.5.2	Die natürlichen Formen	143
9.5.3	Das Alltagsdesign	144
9.5.4	Die Auswirkungen des Alltagsdesigns	146
9.6	Die Medien	148
9.7	Anmerkungen zur Steigerung von Kreativität	149
9.7.1	Der kreative Prozess in Wissenschaft, Kunst und Malerei im Allgemeinen	150
9.7.2	Die vier Phasen der Kreativität im Einzelnen	153
10.0	Neue Elemente und Strukturen im Wirtschaftsbereich	161
10.1	Zielsetzungen von Unternehmen jenseits des Gewinns: Wohl der Menschheit, Innovationen, Ästhetik und soziale Netzwerke	161
10.2	Zum Stellenwert sozialer Netze	162
10.3	Ein humanes Wirtschaftssystem	163
10.4	Das Grundeinkommen als neue Form des Sozialstaats	164
10.4.1	Grundeinkommen für hochentwickelte Staaten	165
10.4.2	Möglichkeiten der Einführung eines Grundeinkommens	167
IV.	**Erweiterungskatalog der Grund- und Menschenrechte für eine Weltgesellschaft**	169
Literaturverzeichnis		177
Über den Autor		183

Tabellenverzeichnis

Tab. 1	Tourismuszahlen für ausgewählte Länder 1960 in Mio.	24
Tab. 2	Tourismuszahlen in Mio. im Jahr 2009 in ausgewählten Ländern	26
Tab. 3	Anteil der ausländischen Bevölkerung in ausgewählten Ländern 1960 und 2005 in Mio. und in Prozent	27
Tab. 4	Fluggäste, Ein- und Aussteiger zusammen, in Deutschland im Jahr 2010 in Mio. und in Prozent	28
Tab. 5	Fluggäste, Ein- und Aussteiger zusammen, der EU-27 in ausgewählten Ländern in Mio. im Jahr 2010	29
Tab. 6	Luftverkehr ausgewählter Länder, beförderte Passagiere in Mio.	30
Tab. 7	Internet-Nutzer nach einzelnen Weltregionen in Mio.	31
Tab. 8	Facebook-Nutzer nach einzelnen Weltregionen in Mio.	32
Tab. 9	Die zehn am häufigsten verwendeten Sprachen im Internet 2010 in Mio.	32
Tab. 10	10 Wissensverdopplungen von der Menschwerdung vor ca. 2 Mio. Jahren bis 1500 n. Chr.	36
Tab. 11	10 Wissensverdopplungen in knapp 500 Jahren von 1500 bis 1970	37
Tab. 12	Weitere 10 Wissensverdopplungen in nur 25 Jahren von 1970 bis 1995	38
Tab. 13	Einführung des allgemeinen und gleichen Wahlrechts für Frauen in ausgewählten Ländern Westeuropas und in den USA	44
Tab. 14	CO_2-Emissionen in Tonnen pro Einwohner und Jahr in ausgewählten Ländern	65
Tab. 15	CO_2-Emission von einzelnen Ländern und weltweit in Mio. Tonnen von 1980 bis 2010	70
Tab. 16	Jährlich von Menschen verursachte Emissionen aller Treibhausgase in CO_2-Äquivalenten	71
Tab. 17	Anteil der von Menschen verursachten Treibhausgase an der Gesamtemission in CO_2-Äquivalenten, in Prozent	72
Tab. 18	Anteile der verschiedenen Sektoren an den von Menschen verursachten Treibhausgas-Emissionen in CO_2-Äquivalenten, in Prozent	72

Tab. 19	Bioproduktive Fläche und Flächenverbrauch in Mrd. ha und in ha pro Kopf im Jahr 2007	79
Tab. 20	Weltweite Fleischproduktion in Mio. t	83
Tab. 21	Fleischkonsum (Rind, Schwein, Geflügel) ausgewählter Länder der Welt im Jahr 2007 pro Einwohner in kg	84
Tab. 22	Viehbestand weltweit von 1938 bis 2003 in Mio.	84
Tab. 23	Land- und Waldfläche sowie Bodennutzung einzelner Länder 2008 in Mio. ha	89
Tab. 24	Weltprimärenergieverbrauch nach Energieträgern in Öleinheiten (ÖE)	97
Tab. 25	Entwicklung des Bruttoinlandsproduktes (BIP) einzelner Staaten von 1960 bis 2011 in Billionen US-Dollar (1.000 Mrd. US-Dollar)	105
Tab. 26	Produktion von ausgewählten Industrierohstoffen oder Gütern der 10 führenden Erzeugerländer 2009 in Mio. t, Mio. Stück oder Mrd. m³	106
Tab. 27	Produktion ausgewählter Nahrungsmittel einzelner Staaten 2009 in 1.000 t	107
Tab. 28	Produktion von weiteren Nahrungs- und Genussmitteln sowie von Salz einzelner Staaten 2009 in 1.000 t	108
Tab. 29	Geburtenzahlen in Gesamtdeutschland in Mio.	165

Abbildungsverzeichnis

Abb. 1   Eduard Schäfers: Johann Sebastian Bach (2011)   137

Abb. 2   Farbkreis mit den natürlichen Farben Maigrün, Zinnoberrot Hell
und Violettblau. Alle drei Farben zusammen ergeben Weiß.   141

Abb. 3   Designsprachen des VW Golf I, III, VI   143

Abb. 4   Beispiele für aktuelle Firmenlogos in Innenstädten   145

Abb. 5   Beispiel für Verpackungsdesign in der ersten Hälfte des Jahres 2012   146

Einleitung

Die Welt rückt immer näher zusammen: kulturell, wirtschaftlich, wissenschaftlich und politisch. Eine größere Einheit ist im Entstehen, von der viele bereits jetzt als Weltgesellschaft sprechen. Bei diesem Prozess gibt es überall Widerstände, Hakeleien und Schwierigkeiten. Diese gilt es vor allem durch ein Bewusstsein der Einheit der Menschheit und durch Selbstveränderung zu überwinden. Auch Europa muss sich diesem Prozess stellen, um vorhandene Schwierigkeiten auszuräumen. Hierzu einen Beitrag zu liefern, ist Anliegen dieses Textes.

Das europäische Modell, das in der Aufklärung seinen Ursprung hat, war sehr erfolgreich. Mit Hilfe von den damals neuen Leitwerten Freiheit und Selbstbestimmung sind im Laufe der Zeit kulturell-rechtliche, wissenschaftlich-politische und wirtschaftlich-technische Freiräume entstanden. Viele gesellschaftliche Teilbereiche haben sich daraufhin in den letzten gut zweihundert Jahren innerhalb Europas positiv entwickelt: das Hochschul- und Bildungswesen, der Wirtschafts- und Infrastrukturbereich, der Sozialstaat und das Gesundheitswesen sowie die Stadt- und Regionalentwicklung. Auch die Einflussnahme Europas auf ähnliche Entwicklungen in aller Welt war groß.

Heute bedürfen die Leitwerte Freiheit und Selbstbestimmung der Ergänzung, denn in den verschiedenen gesellschaftlichen Teilbereichen mehren sich die Anzeichen der Überziehung und Überdehnung dieser Leitwerte. Das trifft vor allem auf den Wirtschaftsbereich zu und zeigt sich hier im drohenden Zusammenbruch der globalen Finanz- und Ökosysteme. Aber es trifft auch auf den Kultur-, Rechts-, Politik- und Wissenschaftsbereich zu. Überall bedarf es kleinerer Korrekturen, um das europäische Modell wieder attraktiver zu machen und um Teil einer weltgesellschaftlichen Entwicklung zu werden. Teilweise gibt es in diesen Bereichen auch schon mehr oder weniger starke neuere Entwicklungen und Verbesserungen. Die neuen Leitwerte Bewusstsein und Einheit sowie innerer Frieden und Selbstveränderung werden helfen, weitere Verbesserungen zu erzielen, sowohl im Wirtschaftsbereich als auch in den anderen gesellschaftlichen Teilbereichen.

I. Grundlagen

1.0 Allgemeine Grundlagen

Eine Weltgesellschaft ist im Entstehen. Neben den technischen, ökonomischen, politischen und sozialen Grundlagen geht es um die philosophisch-künstlerische Konstruktion eines neuen Weltbewusstseins und einer Weltkultur. Es geht auch um die Aufstellung neuer Leitwerte durch die Philosophie, ihrer emotionalen Umsetzung durch die Malerei, die Musik und die Literatur und nicht zuletzt durch die Architektur. Bedeutet das griechische Wort „archi-tekton" für Baumeister doch soviel wie „Ur-Schaffender" (Gympel 1996: 6). Und es geht um die Erarbeitung von Methoden zur Entwicklung und Verbesserung von Kreativität und zwischenmenschlicher Kommunikation. Neue Grundstrukturen in wichtigen gesellschaftlichen Teilbereichen sind zu entwickeln, um die neuen Leitwerte konkreter werden zu lassen.

Die Veränderungen in Richtung Weltbewusstsein und Weltgesellschaft sind schon heute in vollem Gange. Genauere zeitliche Vorhersagen sind auf Grund von Komplexität und Größenordnung nicht machbar.

Niklas Luhmann (1927-1998) hat schon 1971 hellsichtig von der Weltgesellschaft gesprochen in einem Aufsatz, der in der Zeitschrift „Archiv für Rechts- und Sozialphilosophie" (Beiheft 57) erschienen ist. Der Aufsatz findet sich auch in seiner sechsbändigen Aufsatzsammlung „Soziologische Aufklärung" (Bd. 2) aus dem Jahr 1975. Luhmann beschreibt hier auf nur 15 Textseiten in sehr komprimierter Form viele Schwierigkeiten der modernen Gesellschaft. Für ihn sei die moderne Gesellschaft per se schon eine Weltgesellschaft, so schreibt er, da etliche gesellschaftliche Teilsysteme, wie Wirtschaft, Wissenschaft und Kommunikation bereits global agieren würden. Luhmann sieht voraus, dass es in den westeuropäischen Gesellschaften zu zahlreichen Schwierigkeiten kommen wird, wenn einige gesellschaftliche Teilsysteme in ihrer globalen Entwicklung vorauseilen und andere nicht. Einen Anstieg der Dynamik und des Tempos im Arbeitsalltag sieht er ebenso voraus wie einen Bedeutungszuwachs des Emotionalen, Intimen und Privaten (Luhmann 1975: 62). Einen

Ausgleich zwischen beiden Bereichen sah er schon damals als problematisch an. Außerdem sah er voraus, dass die Komplexität ansteigen wird, wie auch die Summe der Möglichkeiten und die Auswahl. Diese zunehmende Ausdifferenzierung in allen gesellschaftlichen Teilbereichen würde immer mehr Zeit in Anspruch nehmen und auch die Erwartungen sowie gleichzeitig das Enttäuschungspotential erhöhen.

Luhmann sah voraus, dass das Leben in unterschiedlichen Ländern über ähnliche Alltagsstrukturen wie z. B. durch Verstädterung und Verwissenschaftlichung sich einander annähern wird. Er sprach von ähnlich strukturierten Erwartungen, die es mit der Zeit erlauben werden, eine Weltgesellschaft auch institutionell ins Leben zu rufen (Luhmann 1975: 56). Insbesondere das Lernsystem sieht er hierfür als wichtig an, dass sich weltweit immer weiter annähert (Luhmann 1975: 58). Luhmann glaubt, dass für die Konstituierung einer Weltgesellschaft andere gesellschaftliche Teilsysteme als nationale Politik- und Rechtssysteme eine Rolle spielen werden. Er meint, dass hauptsächlich Kultur und Philosophie hierfür notwendig sein werden (Luhmann 1975: 64). Bei den nationalen Politikern und den Vertretern der nationalen Rechtssysteme sieht er einen zu starken Machterhaltungstrieb, der vor allem auf nationale Ab- und Ausgrenzung bedacht sei, weniger auf Annäherung (Luhmann 1975: 57). Luhmann betont, dass jede Institution - auch die Weltgesellschaft - sich durch Symbole im Raum sichtbar verorten muss, um Wirksamkeit entfalten zu können (Luhmann 1975: 61). Inzwischen gibt es zahlreiche soziologische Bücher zum Thema „Weltgesellschaft", die sich auch auf Luhmann stützen.

Bei der Etablierung einer Weltgesellschaft wird es vor allem um einen Bewusstseinswandel und um die Herstellung eines globalen Bewusstseins gehen, wie es Jeremy Rifkin (*1945) in seinem Buch „Die emphatische Zivilisation. Wege zu einem globalen Bewusstsein" (2009) beschrieben hat. Neue Leitwerte werden dabei helfen. Die Philosophie hat sie bereits genannt: Einheit und Selbstveränderung, genauer: Einheit und Bewusstsein sowie Selbstveränderung und innerer Frieden.

2.0 Das räumliche Zusammenwachsen der Weltgesellschaft

Heute wächst die Weltgesellschaft durch Handel und Medien immer schneller zusammen. Es fehlt aber noch das einheitliche Weltbewusstsein und damit das emotionale, politische und kulturell verbindende Band. Dieses muss vor allem durch die Künste geschaffen werden.

Schaut man sich das räumliche Zusammenwachsen näher an, fällt auf, dass Kontinente und Kulturräume noch immer starre Grenzen haben, die weder durch Tourismus, Migration, Flugverkehr oder Internet bis jetzt überwunden werden konnten. Wohl aber tragen sie ihren Teil dazu bei, ein neues Bewusstsein entstehen zu lassen, auch durch Erzählungen, Dokumentarfilme und durch die Reiseliteratur.

2.1 Der Tourismus

Auch früher war das Reisen für die Entstehung eines einheitlichen europäischen Bewusstseins wichtig. Im Verlauf des 18., 19. und 20. Jahrhunderts hat das Reisen zugenommen und mit ihm die Reiseliteratur. Es galt Symbole zu schaffen für ein neues Denken durch Reiseliteratur und Erzählungen.

Im 18. Jahrhundert reisten vor allem einige reiche Engländer und brachten die Begeisterung für das antike Griechenland und Italien mit nach England. Dies löste eine neue Begeisterung für das Reisen in diese Länder sowie für das Studieren der antiken Schriften aus. Die antiken Schriften waren ein Symbol für ein humanes Ideal und für die Freiheit im Denken. Es entstand der englische Landschaftsgarten mit antiken Tempeln in naturnahen Gärten. Auch dies war Symbol für Freiheit und stand gegen alles Artifizielle und Gekünstelte der damaligen Zeit. Diese Entwicklung gelangte nach und nach auch auf den Kontinent. Sie führte zu Veränderungen im Bewusstsein und schuf eine Sehnsucht nach Freiheit, zugleich gab sie Anregung und Inspiration für viele Philosophen und Künstler.

Im 19. Jahrhundert waren es vor allem Engländer, Deutsche und Franzosen, die sich für die Alpen und ihre raue Schönheit begeistern konnten. Erste Reiseberichte von Jean-Jacques Rousseau (1712-1778) und von anderen hatten sie angelockt. Der individuelle und noch vereinzelte Alpentourismus begann und mit ihm die Begeisterung für das Bergsteigen. Auch das Bergsteigen stand für Individualität und damit für Freiheit. Die Alpen wurden schnell zu einem Symbol für Freiheit, für wilde und urwüchsige Natur. Viele weitere Reiseberichte und Reiseerzählungen entstanden. Die Alpen wurden so nach und nach erschlossen, teilweise auch mit der Postkutsche.

Zu Beginn des 20. Jahrhunderts, in den 1920er und 1930er Jahren, reiste man schon häufiger mit dem Auto in die Alpen. Ab den 1960er Jahren setzte der Massentourismus ein. Man reiste in die Alpen und teilweise auch weiter nach Spanien, Griechenland oder Italien. Auch in Deutschland wurde in den 1960er Jahren viel gereist. Man fuhr in den Schwarzwald, in das Sauerland und in den Harz. Alle diese Reisen brachten Veränderungen im Bewusstsein mit sich. Die Begeisterung für italienische und griechische Schlager und Operetten entstand, die mediterrane Küche und der griechische, spanische und italienische Wein wurden populär.

Tab. 1 Tourismuszahlen für ausgewählte Länder 1960 in Mio.

Land	1960
Deutschland	11,4
Österreich	25,7
Italien	18,0
Schweiz	16,0
Türkei	0,1
Frankreich	5,6
Spanien	5,0
USA	0,9

Quelle: St. Jb. 1962; Internationale Übersichten: 102.

Man sah, dass die Menschen in anderen Ländern mit ähnlichen Schwierigkeiten zu kämpfen hatten. Es gab kaum Unterschiede, die äußeren Rahmenbedingungen waren zwar anders, entsprechend den Gegebenheiten des jeweiligen Landes, aber Vieles war auch gleich oder ähnlich. Die Einheimischen hatten einen anderen Blickwinkel auf das Leben entwickelt. Es galt, etwas für das eigene Leben zu lernen und zuhause konnte man dann den Kindern, der Familie und den Freunden von der Reise erzählen. Auch diese Veränderungen im Bewusstsein, verursacht durch den Tourismus, haben für ein geeintes Europa gesorgt.

Im 21. Jahrhundert gehen die Reiseziele vielfach über Europa hinaus. Die USA oder China sind längst nicht mehr nur Ziel von wenigen Politikern oder Geschäftsleuten. Auch hier hat der Massentourismus eingesetzt. Es gibt viele Reiseführer, -berichte und Dokumentationssendungen über ferne Länder und Kulturen.

Heute reisen viele Europäer mit ihrem Problembewusstsein in ferne Länder. Vielfach lernen sie dort einen anderen Umgang mit der Zeit, dem Leben oder ein In-sich-Ruhen kennen. In Form von sanfter Medizin, Wellness und Entspannungsübungen bringen sie diese Elemente wieder mit nach Europa zurück. Der gesamte Spa- und Wellness-Bereich von Hotels ist z. B. so entstanden. Es geht um das Zeithaben, das Verweilen im Jetzt und um das Sein. Es geht um das Spüren des Augenblicks, wie es z. B. auch beim Genießen einer Teezeremonie von Bedeutung ist. Auch beim Yoga spielt die Verbindung mit dem Jetzt und mit kosmischen Energien eine Rolle. Diese Techniken und Methoden sind Symbole für die Einheit mit dem Augenblick und für seine bewusste Wahrnehmung. So steht das Reisen in ferne Länder auch heute für Inspiration und Anregung und für den Bewusstseinswandel hin zu einer Weltgesellschaft.

Der Tourismus hat weltweit zugenommen. Er wird helfen, einen Beitrag für ein wachsendes neues, globales Bewusstsein zu liefern. Nach Angaben der World Tourism Organization (UNWTO) mit Sitz in Madrid verdoppelte sich die Zahl der international Reisenden im Zeitraum von 1990 bis 2010 von 438 Mio. auf 935 Mio. (Fischer-Weltalmanach 2011: 705).

Tab. 2　Tourismuszahlen in Mio. im Jahr 2009 in ausgewählten Ländern

Land	2009
Deutschland	24
Frankreich	77
Spanien	52
Italien	43
UK	28
Ägypten	12
Südafrika	10
Argentinien	4
Brasilien	5
Mexiko	21
Kanada	16
Vereinigte Staaten	55
China	51
Indien	5
Südkorea	8
Japan	7
Australien	6

Quelle:　St. Jb. 2011: 713.

2.2　Migrationen

2008 sind insgesamt knapp 1 Mrd. Menschen weltweit gewandert, die meisten davon sind aber Binnenmigranten. Vor allen in Nordamerika, in Westeuropa und im chinesischen Raum ist die Binnenmigration groß (Fischer Weltalmanach 2010: 22f).

Migration hat verschiedene Ursachen. Sie geschieht auf Grund von Arbeitssuche, Flucht vor Krieg, Hunger, Armut und Naturkatastrophen. Mit 740 Mio. machten die Binnenmigranten den weitaus größten Teil der Migration im Jahr 2008 aus. 214 Mio. Menschen waren im Jahr 2008 über ihre Landesgrenzen hinweg gewandert (UNDP 2009: 21).

Tab. 3 Anteil der ausländischen Bevölkerung in ausgewählten Ländern 1960 und 2005 in Mio. und in Prozent

Land	1960	2005	1960	2005
	in Mio.		in %	
Deutschland	2,0	10,6	2,8	12,9
Frankreich	3,5	6,5	7,7	10,6
Finnland	0,03	0,2	0,7	3,3
Russland	2,9	12,1	1,4	8,4
Italien	0,5	3,1	0,9	5,2
Spanien	0,2	4,6	0,7	10,7
UK	1,7	5,8	3,2	9,7
Türkei	0,9	1,3	3,4	1,9
Katar	0,01	0,7	32	81,0
Ver. Arab. Emirate	0,002	2,9	2,4	70,0
Saudi-Arabien	0,06	6,3	1,6	26,8
Brasilien	1,4	0,7	1,9	0,4
Argentinien	2,6	1,5	12,6	3,9
Kanada	2,8	6,3	15,4	19,5
USA	10,8	39,3	5,8	13,3
China	0,2	0,6	0,0	0,0
Indien	9,4	5,9	2,1	0,5
Südkorea	0,1	0,6	0,5	1,2
Japan	0,7	2,0	0,7	1,6
Ägypten	0,2	0,2	0,8	0,3
Tunesien	0,2	0,03	4,0	0,4
Marokko	0,4	0,05	3,4	0,2
Gabun	0,02	0,2	4,3	17,9
Elfenbeinküste	0,8	2,4	22,3	12,3
Südafrika	0,9	1,2	5,3	2,6
Australien	1,7	4,3	16,5	21,3
Welt	**77,1**	**195,2**	**2,7**	**2,7**

Quellen: United Nations Development Programme 2009: 143ff.

Die Vereinten Nationen haben im Jahr 2009 einen Bericht zur Migration vorgelegt, den „Human Development Report 2009". Darin werden Daten für das Jahr 2005 ausgewiesen. So gab es im Jahr 2005 weltweit 195 Mio. Migranten bei einer Weltbevölkerung von 6,46 Mrd. Menschen (St. Jb. 2006: 226). Das sind 3 Prozent. Auch im Jahr 1960 lag dieser

Wert bei 3 Prozent. Auffallend ist, dass in den Heimatländern der Migranten Westeuropas wie in der Türkei, in Marokko oder in Tunesien kaum Migration vorliegt. Die hohen Migrationszahlen der Vereinigten Arabischen Emirate oder auch von Katar sind der hohen Zahl an Arbeitsmigranten z. B. aus Pakistan oder Indien geschuldet. Die obige Tabelle gibt nur einen groben Überblick über die Situation in den einzelnen Ländern. So liegt z. B. die Anzahl der Menschen mit Migrationshintergrund in Deutschland im Jahr 2009 bei 19,6 % (St. Jb. 2011: 48). Vielfach ist die Situation auch regional noch einmal unterschiedlich. Im Jahr 2009 lebten von den 16 Mio. Menschen mit Migrationshintergrund viele in nur wenigen Bundesländern (St. Jb. 2011: 48), vor allem in Hessen (1,5 Mio.; 25,2 %), in NRW (4,4 Mio.; 24,5 %), in Baden-Württemberg (2,9 Mio.; 26,8 %) und in Bayern (2,3 Mio.; 19,7 %).

2.3 Luftverkehr

Der internationale Flugverkehr bewegt sich nach wie vor im eigenen Kulturraum sowie in grenznahen Gebieten und in Ländern, die kulturell gesehen stark eingefärbt sind vom eigenen Kulturraum.

Tab. 4 Fluggäste, Ein- und Aussteiger zusammen, in Deutschland im Jahr 2010 in Mio. und in Prozent

Land	2010	
	in Mio.	in %
EU (darunter)	126	76,2
Inland	24,1	14,5
Türkei	13,4	8,1
Spanien	23,4	14,1
UK	12,9	7,8
Afrika	7,5	4,5
Amerika	15,8	9,5
Australien	0,2	0,1
Asien	16	9,7
Gesamt	**166**	**100**

Quelle: Nach Fischer-Weltalmanach 2011: 703f.
Hinweis: Gesamtzahl der Fluggäste an Bord.

In Deutschland wurden z. B. im Jahr 2010 166 Mio. Fluggäste befördert, aber drei Viertel davon innerhalb Deutschlands oder Europas (Fischer Weltalmanach 2011: 703f).

Auch in der Europäischen Union (EU-27) sind die meisten Flüge Inlandsflüge. Von den 777 Mio. Fluggästen der EU-27 im Jahr 2010 sind nur ca. 150 Mio. in das außereuropäische Ausland geflogen. Auch hier erfolgten ungefähr drei Viertel der Flüge innerhalb des eigenen Kulturraumes oder in grenznahe Gebiete wie z. B. nach Nordafrika oder in die Türkei. Die absolute Zahl der Flugreisenden in Richtung Asien ist allerdings erstaunlich hoch und liegt bei ca. 20 Mio. Fluggästen im Jahr 2010.

Tab. 5 Fluggäste, Ein- und Aussteiger zusammen, der EU-27 in ausgewählten Ländern in Mio. im Jahr 2010

Land	2010
Russland	13,1
Türkei	30,3
Marokko	11,0
Tunesien	8,4
Ägypten	14,3
Südafrika	6,0
Kanada	9,3
USA	48,5
Argentinien	1,6
Brasilien	5,2
Japan	4,6
China[1]	9,2
Südkorea	1,9
Indien	5,7
EU-27	**777**

Quellen: Nach http://appsso.eurostat.ec.europa.eu.
[1] China plus Hongkong.
Hinweis: Gesamtzahl der Fluggäste an Bord.

Auch in den USA erfolgten die meisten Flugreisen innerhalb des eigenen Landes. Im Jahr 2010 gab es in den USA etwa 680 Mio. Flugreisende, im Jahr 2003 waren es ca. 650 Mio. gewesen, wovon 600 Mio. Inlandsflugreisende waren (Statistisches Bundesamt 2006a: 6). Es ist davon auszugehen, dass auch in anderen Kulturräumen ähnlich wie in Europa und in den USA die Flugreisen zum großen Teil im eigenen Kulturraum verbleiben.

Tab. 6 Luftverkehr ausgewählter Länder, beförderte Passagiere in Mio.

Land	2004	2009
Frankreich	49	58
Italien	36	33
Spanien	46	49
UK	86	102
Türkei	13	31
Russland	26	34
Brasilien	35	68
Argentinien	7	6
Kanada	41	53
USA	678	679
Südafrika	10	13
China	120	229
Indien	24	54
Südkorea	33	34
Japan	103	87
Australien	42	50

Quellen: St. Jb. 2011: 714. St. Jb. 2006: 338.
Hinweis: Im Vergleich zu den beiden vorherigen Tabellen werden hier die beförderten Passagiere gezählt.

Im Flugverkehr gibt es nach wie vor Zunahmen zu verzeichnen, insbesondere im asiatischen Raum. So hatte China im Jahr 2009 schon ca. 230 Mio. Passagiere befördert und Indien gut 50 Mio., 2004 waren es noch 120 Mio. bzw. 24 Mio. gewesen. Hier ist der Flugverkehr kontinuierlich gewachsen, wie auch in Brasilien. 2009 hatte Brasilien knapp 70 Mio. Fluggäste,

2004 35 Mio. (St. Jb. 2011: 714; St. Jb. 2006: 338). Im Jahr 2010 wurden weltweit ca. 2,4 Mrd. Passagiere im Luftverkehr befördert (Fischer Weltalmanach 2011: 703), 2004 waren es 1,9 Mrd. gewesen (St. Jb. 2006: 338).

2.4 Das Internet

Noch nie in der Geschichte ist ein Medium so schnell gewachsen wie das Internet und hat so viele Veränderungen in so kurzer Zeit mit sich gebracht. Im Jahr 2011 gab es 2,1 Mrd. Internet-User weltweit, die meisten in Asien mit 920 Mio., davon leben 485 Mio. in China. In Nordamerika gibt es 216 Mio. Internet-User und in Europa 476 Mio. Im Jahr 2000 gab es weltweit nur etwa 360 Mio. Internet-Nutzer (www.pingdom.com; www.internetworldstats.com).

Tab. 7 Internet-Nutzer nach einzelnen Weltregionen in Mio.

Weltregion	2000	2011
Amerika (darunter)	126	487
Nordamerika	108	271
Lateinamerika/Karibik	18	216
Europa	105	476
Mittlerer Osten	3	69
Asien	114	922
Afrika	5	119
Ozeanien/Australien	8	21
Welt	**361**	**2.094**

Quellen: www.pingdom.com. www.internetworldstats.com/stats.htm.

Auch die Anzahl der Facebook-Nutzer ist rasant angestiegen. Im März 2012 lag sie bei weltweit 835 Mio. Nutzern, wobei die Nutzung in den verschiedenen Weltregionen unterschiedlich ist. Im März 2011 lag sie weltweit noch bei 646 Mio. Nutzern.

Tab. 8 Facebook-Nutzer nach
einzelnen Weltregionen in Mio.

Weltregion	2011/03	2012/03
Europa	200	233
Asien	132	195
Nordamerika	174	173
Lateinamerika	103	160
Afrika	27	40
Mittlerer Osten	16	20
Ozeanien/Australien	12	14
Welt	**664**	**835**

Quelle: www.internetworldstats.com/facebook.htm.

Der Internetverkehr bleibt weitgehend auf den eigenen Kulturraum begrenzt. So sprechen zwar im Jahr 2010 537 Mio. Internet-Nutzer englisch, aber auch 445 Mio. chinesisch und 153 Mio. spanisch.

Das Internet scheint im Moment eher genutzt zu werden, um die Vernetzung im eigenen Sprach- und Kulturraum zu erhöhen. Eine Sprach- und Kulturraum übergreifende Vernetzung scheint kaum stattzufinden.

Tab. 9 Die zehn am häufigsten verwendeten Sprachen
im Internet 2010 in Mio.

Sprache	2010
Englisch	537
Chinesisch	445
Spanisch	153
Japanisch	99
Portugiesisch	83
Deutsch	75
Arabisch	65
Französisch	60
Russisch	60
Koreanisch	39
übrige Sprachen	351

Quelle: www.internetworldstats.com/stats7.htm.

3.0 Das zeitliche Zusammenwachsen der Weltgesellschaft

Anders als noch in der Altsteinzeit vor 2 Mio. Jahren oder auch in der Neuzeit ab 1500 n. Chr. ist die Verdopplungszeit des Wissens der Menschheit heute unerwartet kurz. Sie liegt im Jahr 2012 bei etwa einem bis zwei Monaten.

In den nächsten 10 bis 30 Jahren werden tiefgreifende Veränderungen stattfinden. Technische Revolutionen werden an der Tagesordnung sein. Menschliche Gewohnheiten, Bedürfnisse sowie gesellschaftlichen Ordnungen werden in vielerlei Hinsicht dadurch betroffen sein. Durch die rasanten Veränderungen werden zeitliche Vorsprünge ganzer Kulturräume in rechtlicher, technischer oder wissenschaftlicher Hinsicht über Nacht dahinschmelzen. Aber nicht nur zwischen den Kulturräumen wird dies zu Spannungen führen, sondern auch innerhalb eines Kulturraumes.

In dem Zeitraum von der Altsteinzeit bis in das Jahr 1500 n. Chr. hat sich das Wissen der Menschheit in etwa 10 Mal verdoppelt. Es geht hier nicht um ein, zwei Wissensverdopplungen mehr oder weniger. Es geht auch nicht darum, dass die eine oder andere Entwicklung unerwähnt bleibt, oder es eventuell schon bei einer erwähnten Entwicklung eine weitere Vorstufe gab. Es geht um eine generelle Betrachtungsweise und darum, die Dimension der rasanten Entwicklung in der Jetzt-Zeit zu verdeutlichen.

Als Beispiel: Allein in Deutschland wird die Anpassung von Gesetzen, die vor 1995 beschlossen worden sind, zu Schwierigkeiten führen, denn seit 1995 bis in das Jahr 2010 sind in etwa 70 Wissensverdopplungen abgelaufen: in etwa 10 in den fünf Jahren bis in das Jahr 2000, weitere 20 von 2000 bis 2005 und noch einmal 40 von 2005 bis 2010. Dies zeigt, wie schnell heute Wissen, Rechtsstrukturen, Traditionen, Lebensentwürfe und Produkte veralten und welch immense Spannungen das für jeden Einzelnen mit sich bringt.

Die Wissensverdopplungen zeigen auch auf, dass zeitliche und räumliche Strukturen eng miteinander verwoben sind, und dass das Entstehen einer Weltgesellschaft keine Illusion mehr darstellt. Es bleibt zu hoffen, dass bei allen Schwierigkeiten, die diese zeitliche Dynamik verursacht, Vernunft, Maß und Mitte bewahrt werden können und die Veränderungen im Wesentlichen friedlich ablaufen.

3.1 Einige Entwicklungen von der Altsteinzeit bis in das Jahr 1500 n. Chr.

Allgemein wird von der Alt-, der Mittel- und der Jungsteinzeit gesprochen und von der Bronze- und der Eisenzeit. Im Jahr Null begann unsere Zeitrechnung, die Neuzeit um 1500 n. Chr.

Die Altsteinzeit (griech. Paläolithikum) währte von vor ca. 2 Mio. Jahren bis um das Jahr 8000 vor unserer Zeitrechnung. Das ist mit Abstand die längste Zeitperiode in der Geschichte der Menschheit. Sie begann, als die Menschenaffen sich zum ersten Mal von den Bäumen und Wäldern hinaus in die ungeschützte Savanne begeben haben. Viele Dinge veränderten sich in dieser Zeitspanne: es entwickelte sich der aufrechte Gang, das Gehirn vergrößerte sich, das Fell ging zurück, die Sprache entwickelte sich usw. Damals gab es nur Faustkeile. Das waren meist grob behauene Obsidian-Steine. Später entdeckte man auch ihre Eigenschaften als Feuerstein. Die Flinte des Obsidian-Steins, die Absprengungen des Feuersteins, waren auf Grund seiner scharfen Kanten und der leichten Herstellbar- und Verfügbarkeit begehrt. Man verwendete sie als Faustkeile, Speere, Schaber oder als eine Art Messer, um erlegte Tiere zu enthäuten (Watson 2008: 67ff). Das alles entwickelte sich nach und nach. Vor etwa 400.000 Jahren, einige sprechen von vor etwa 200.000 Jahren, hat der Mensch das Feuer für sich entdeckt. Noch immer waren die Menschen nomadisch und nicht sesshaft. Den Umgang mit dem Feuer zu erlernen hat wiederum etwa 200.000 oder auch 400.000 Jahren gedauert. Erst seit den vergangenen 8.000 Jahren beherrscht der Mensch die systematische Erzeugung und Bewahrung des Feuers.

In der Mittelsteinzeit (griech. Mesolithikum), die etwa von 8.000 bis 5.000 v. Chr. ging, gab es Feuersteine, die auf einem Holzstab saßen und mit einer Schnur und einem Bogen bewegt wurden (dtv-lexikon 1997). Es gab auch Ansätze der Tierhaltung und der Bodenbearbeitung. Das erste Haustier war der Hund. Hier lassen sich Fundstellen in der Mittelsteinzeit im vorderen Orient nachweisen (10.000 bis 5.000 v. Chr.). Alle Geräte wurden kleiner und handlicher hergestellt. Auch waren die unterschiedlichen Kulturgruppen zum Teil unterschiedlich weit entwickelt. Ein Bewahren und Hüten des Feuers in dieser Zeitspanne ist schwierig nachzuweisen, eher eine systematische Erzeugung des Feuers.

Die Übergänge bei den technischen Entwicklungen waren fließend. Es gab stets Vorformen. Häufig dauerte es Jahrhunderte oder Jahrtausende, bis wieder eine Verbesserung eintrat. Der eine geographische Raum hat diese Entwicklung vorangetrieben, der andere jene. Deswegen sind feste Abgrenzungen auf ein Jahrhundert oder ein Jahrtausend und auch auf einen geographischen Ort oder Raum nur schwer möglich. So hat z. B. die technische Entwicklung der Verwendung von Lehmerde bis zum geformten und gebrannten Ziegelstein sehr lang gedauert: von der Verwendung von Lehmmatsch über den an der Sonne getrockneten Lehmklumpen, zum glattgestrichen Lehmklumpen, dann zum in Form gegebenen und von dort zum gebrannten und geformten Ziegelstein.

Erst in der Jungsteinzeit (Neolithikum), der neolithischen Revolution oder der Seßhaft-Werdung des Menschen, gab es zum ersten Mal geschliffene und durchbohrte Steine. Zuvor waren die Steine nur grob behauen oder durch Druck bearbeitet worden. Auch gab es die ersten Tongefäße. Die Jungsteinzeit begann in Mitteleuropa im 6. Jahrtausend vor unserer Zeitrechnung und geht in etwa bis in das Jahr 1.800 v. Chr. Damit verbunden ist auch die Erfindung des Rades (2.600 v. Chr. in Ur, Stadt der Sumerer), der Töpferscheibe (naher Osten 3. Jahrtausend v. Chr.) oder des Webstuhls (Çatal Hüyük). In diese Zeit fällt das Halten von Haustieren wie dem Rind, dem Schwein, dem Schaf, der Ziege oder dem Pferd sowie das Nutzbarmachen von Wildgräsern, die man systematisch zu Getreiden weiter entwickelte (Hägermann, Schneider 1997: 36).

Auch die Bearbeitung des Bodens mit dem Pflug und einem Zugtier wie dem Rind wurde nun betrieben. Es begann die systematische Tierzucht und die Kultivierung der Pflanzen, vor allem Gerste, Weizen und Hirse. Die Jungsteinzeit wird von der Bronzezeit (1.800 bis 700 v. Chr.) und von der Eisenzeit (1.400 v. Chr. bis in das Jahr Null) abgelöst (dtv-lexikon 1997).

Tab. 10 10 Wissensverdopplungen von der Menschwerdung vor ca. 2 Mio. Jahren bis 1500 n. Chr.

	Zeiträume	Entdeckungen, Erfindungen (Jahreszahl) Name/Land/Stadt
1	bis 400.000 v. Chr.	*Altsteinzeit:* aufrechter Gang; Fährtenlesen von Tieren; erste Werkzeuge und Waffen aus grob behauenen Faustkeilen
2	bis 8000 v. Chr.	*Altsteinzeit:* unregelmäßiges Erzeugen von Feuer aus Feuersteinen; Ausdifferenzierung der Werkzeuge und Waffen
3	bis 5000 v. Chr.	*Mittelsteinzeit:* durchbohrte Steine; systematisches Feuererzeugung mit Schnur, Bogen und Holzstab; Einkorn, Vorläufer des Weizens (ca. 7000 v. Chr.) Mesopotamien; Rinder-Zucht (6000 v. Chr.) Çatal Hüyük
4	bis 4.000 v. Chr.	*Jungsteinzeit:* systematisches Feuerentfachen und -hüten; Hölzernes Wagenrad (4000 v. Chr.) Sumerer; Kalttreiben von Gold, Kupfer (4000 v. Chr.) Ägypten
5	bis 3000 v. Chr.	*Jungsteinzeit:* Schmelzen von Kupfer, Silber, Gold (3.800 v. Chr.) Ägypten; Hieroglyphenschrift (Bilder) und Papyrus (3000 v. Chr.) Ägypten; geformter und gebrannter Ziegelstein (3100 v. Chr.) Mesopotamien; Domestikation des Pferdes (vor 3000 v. Chr.) Nord- und Westeuropa
6	bis 1800 v. Chr.	*Jungstein- und Bronzezeit:* Bronze (3000 v. Chr.) Mesopotamien; Reitpferd (2800 v. Chr.) Iran; hieratische Schreibschrift (ca. 2700 v. Chr.) Ägypten; langsam drehende Töpferscheibe (ca. 2200 v. Chr.) Ägypten; Rad mit Speichen (2000 v. Chr.) Kleinasien; Webstühle mit waagerechter Kette (2000 v. Chr.) Babylonien
7	bis 700 v. Chr.	*Bronze- und Eisenzeit:* Schweißeisenerzeugung (1400 v. Chr.) Armenien; Schriftrollen aus Pergament (1400 v. Chr.) Ägypten; Eisenwerkzeuge, -waffen, -schmuck (1000 v. Chr.) Griechenland
8	bis Jahr 0	*Eisenzeit:* Schachtofen zur Metallverhütung (500 v. Chr.) Latenékultur; Mörtelmauertechnik (ca. 500 v. Chr.) Griechenland; röm. Wasserleitung (312 v. Chr.) Appius Claudius; Glasblasen (ca. 100 v. Chr.) Griechenland und Syrien
9	bis 1000 n. Chr.	*Unsere Zeitrechnung:* Gußmörteltechnik (opus caementicium) (ca. 100 n. Chr.) Rom; Papier (105 n. Chr.) Ts´ai Lun; Porzellan (7. Jh n. Chr.) China
10	bis 1500 n. Chr.	*Unsere Zeitrechnung:* Magnetnadel als Wegweiser (1200) Europa; Schießpulver (ca. 1300) Europa; Druck mit beweglichen Metallettern (1445) Gutenberg; Entdeckung Amerikas (1492) Kolumbus

Quellen: Hägermann, Schneider 1997: 36ff, 97ff, 198. dtv-lexikon 1997: Erfindungen. de.wikipedia.org/wiki/Backstein. de.wikipedia.org/wiki/Einkorn.

Das Feuer hat den Menschen große Vorteile gebracht. Man konnte wilde Tiere fernhalten, Speisen anbraten und bekömmlicher machen und mit dem Feuer konnten die Menschen nach ihrer Sesshaft-Werdung neue Werkzeuge und bessere Waffen herstellen. Die Sesshaft-Werdung des Menschen hatte wahrscheinlich mit den Vorteilen zu tun, die das Hüten und Bewahren des Feuers mit sich brachte.

Die Römer kannten nicht nur Holzkohle, sondern auch Ziegelsteine und Zement. Sie konnten Wasserleitungen bauen und hatten schon eine Art Manufaktur-Fertigung von Waffen und Kleidungsstücken für die Armee. Sie betrieben Wissenschaft, hatten ein Rechtssystem, ein Straßensystem, ein Münzsystem und eine effiziente Verwaltung und ein funktionierendes Wirtschafts- und Logistiksystem (dtv-lexikon 1997).

3.2 Die Zeit von 1500 n. Chr. bis 1995

Im Zeitraum von 1500 bis etwa 1970 hat sich das Wissen der Menschheit in etwa 10 Mal verdoppelt.

Tab. 11 10 Wissensverdopplungen in knapp 500 Jahren von 1500 bis 1970

	Zeiträume	Entdeckungen, Erfindungen (Jahreszahl) Name/Land
1	bis 1600	Fallschirm (1500) Leonardo; Heliozentrisches Weltbild (1543) Kopernikus
2	bis 1700	Fall- und Pendelgesetze (1609) Galilei; Klassisches Mechanik (1666) Newton
3	bis 1790	Dampfmaschine (1765) Watt; Berührungselektrizität (1789) Galvani
4	bis 1850	Elektromagnetismus (1821) Faraday; Eisenbahn (1830) Stephenson
5	bis 1890	Telefon (1876) Reis, Bell u. a.; Auto (1886) Benz
6	bis 1920	Motorflug (1903) Gebr. Wright; Spezielle Relativitätstheorie (1905) Einstein
7	bis 1940	Künstliche Radioaktivität (1934) Joliot-Curie; Kernspaltung (1938) Hahn
8	bis 1955	Computer (1941) Zuse; Transistor (1948) Bardeen, Brattain, Shockley
9	bis 1963	Sputnik (1957) UdSSR; Laser (1960) Maiman
10	bis 1970	Mondflug (1969) USA

Quelle: dtv-lexikon 1997: Erfindungen. Matis 2002: 342. Collatz, Fäßler u. a. 1996: 138f.

Auch im Zeitraum von 1970 bis 1995 hat sich das Wissen der Menschheit in etwa 10 Mal verdoppelt. In etwa 25 Jahren haben sich so viele Veränderungen ergeben wie in den knapp 500 Jahren zuvor. Seit 1995 liegt die Wissensverdopplungszeit in etwa bei einem halben Jahr, heute bei ein bis zwei Monaten. Dies ist ein Durchschnittswert, der nicht für alle Gebiete gilt.

Tab. 12 Weitere 10 Wissensverdopplungen in nur 25 Jahren von 1970 bis 1995

	Zeiträume	Erfindungen, Entdeckungen (Jahreszahl) Name/Land
1	bis 1977	Mikroprozessor (1972) USA; Apple II (1977) Jobs, Wozniak
2	bis 1982	Intel Chip 8088 (1979) USA; IBM PC (1981) USA
3	bis 1986	Apple Macintosh (1984) Jobs; Toshiba Laptop (1986) Japan; erstes tragbares Handy: Motorola Dyna TAC 8000X (1983) USA
4	bis 1989	Internet (1989) Berners-Lee
5	bis 1991	MS-DOS 5.0 (1991) Gates; Notebooks vieler PC-Hersteller
6	bis 1992	Windows 3.1 (1992) Gates
7	bis 1993	Intel Pentium I - Chip (1993) USA; Adobe PDF (1993) USA
8	bis 1994	Windows 95 (1994) Gates
9	bis 1994	Microsoft Office 95 (1994) USA; Netscape Webbrowser (1994/04) USA
10	bis 1995	Microsoft Internet Explorer (1995) USA; Siemens-Handy S3 mit SMS-Schreibfunktion (1995) Deutschland

Quellen: Ohne Autor, Handy-Geschichte: Mobilfunk im Wandel der Zeit, www.focus.de, vom 25.09.2006, München 2006. Braun 2005: 109ff, 119f. dtv-lexikon 1997: Erfindungen. Matis 2002: 354ff.

4.0 Weitere Voraussetzungen

4.1 Einseitigkeiten und Schieflagen entstehen durch geschlossene Denksysteme

Durch die rigorose Durchsetzung des ökonomischen Effizienzdenkens teils mit finanziellen, teils mit militärischen, teils mit rechtlichen Mitteln, spitzen sich Gegensätze zwischen den Kulturräumen und einzelnen Ländern immer mehr zu (siehe Kap. 6 u. 7). Häufig geht es um Land, um Bodenschätze, um Wasser, um billige Arbeitskräfte und damit verbunden um finanzielle Vorteile aller Art sowie um Zugriffsrechte auf Rohstoffe oder um den Verkauf von eigenen Industrie- und Rüstungsgütern. Damit wird ökonomisches Effizienzdenken über das Leben an sich gestellt. Dies ist eine falsch verstandene Form von Freiheits- und Fortschrittsdenken.

Die Fortschritts- und Freiheitsziele der Aufklärung waren andere. Dass dieses Verhalten irgendwann, in irgendeiner Form und in irgendeiner Weise wieder auf den Westen zurückfallen wird, dürfte klar sein. Es gilt, aus diesem veralteten ökonomischen Effizienz-Denken auszubrechen und das Leben, die Menschen, die Kultur und die Natur wieder stärker zu berücksichtigen. Es muss Schluss sein damit, die Meere, die Böden und die Bevölkerung anderer Länder zu berauben und

- ihnen ihre Mangrovenwälder und Küstenlandschaften durch die Shrimps-Zucht systematisch zu zerstören wie in Thailand (Martin Höft, Christian Jentzsch, „Schmutzige Schrimps - Die Geschäfte der Garnelen-Industrie", Sendung auf Phoenix vom 16.03.12 um 17.15 Uhr);
- sie wie Sklavinnen auszubeuten wie in Indien (Michael Höft, „Das Schicksal der Lohnsklavinnen", Sendung im ZDF vom 28.03.12 um 22.45 Uhr);
- ihnen ihre Flüsse mit Quecksilber und sonstigen Schädlingsbekämpfungsmitteln zu kontaminieren wie in Kenia (Ernst, Weiss u. a. 1988);
- ihnen unseren Atom- und sonstigen kontaminierten Müll vor die Haustür zu kippen wie in Somalia (Rasmus Krath, „Unter Piraten – Eine Reise durch Somalia", Sendung auf Phoenix vom 24.01.11 um 16 Uhr).

Auch aus dem veralteten Blockdenken gilt es auszubrechen. Heute gibt es keine Großmächte mehr, auch wenn einige ehemalige Super- und Kolonialmächte dies noch immer für sich beanspruchen. Aus dem ehemaligen Ost-West-Konflikt des 20. Jahrhunderts ist im 21. Jahrhundert ein Nord-Süd-Konflikt geworden: Nordamerika-Europa sowie Russland auf der einen Seite und Mittel- und Südamerika, Afrika, Arabien, Asien und Ozeanien auf der anderen Seite - die rohstoffarmen Länder des Nordens gegen die rohstoffreichen Länder des Südens. Es wird immer wichtiger, globale Strukturen zu etablieren, bevor ein neues Blockdenken entstanden ist. Russland hat sich als größtes Land der Erde und als eines der rohstoffreichsten Länder der Welt schon zum Teil aus der nördlichen Hemisphäre herausgelöst und der südlichen angenähert. Der Zusammenschluss der BRICS-Staaten Anfang 2012 (Brasilien, Russland, Indien, China und Südafrika) und ihr Wunsch nach ökonomischer Unabhängigkeit zeigt an, um welche Konfliktlinien es in Zukunft gehen wird. Dieses neue Blockdenken gilt es zu überwinden, denn angesichts der Folgen des Klimawandels, wird es nur eine gemeinsame Lösung geben können oder keine (Rifkin 2009).

Im Moment wird der Klimawandel allerdings noch nicht als ernsthaftes Problem wahrgenommen. Viele Länder sehen ihn nur als vorübergehende Erscheinung an, die man ignorieren kann. Und wenn man sich schon damit beschäftigen muss, dann versucht man möglichst große ökonomische oder militärische Vorteile daraus zu ziehen.

Dieses einseitige, uneingeschränkte ökonomische Effizienz-Denken, ausgehend von der westlichen Welt, stößt dort an Grenzen, wo die Freiheit der anderen bedroht ist. Es hat uns die Klimakatastrophe eingebrockt, unzählige Kriege beschert, und es treibt vor allem den Westen heute in eine Isolation hinein, aus der er alleine nur schwer wieder herauszukommen scheint. Dennoch forciert der Westen sein einseitiges ökonomisches Effizienz-Denken uneingeschränkt und unreflektiert weiter und treibt so sich selbst immer mehr in die Isolation.

In den folgenden Dekaden muss sich ein verändertes Denken und Bewusstsein etablieren, welches helfen wird, einen entfesselten Markt und die globalen Klimaauswirkungen in den Griff zu bekommen. Es würde auch beitragen, die drei Kulturräume stärker zusammenzuführen und eine Weltgesellschaft etablieren helfen. Ohne ein neues Bewusstsein wird es schwierig werden, aus der Logik der ökonomischen Effizienz auszubrechen.

4.2 Widersprüche und Gegensätze

Weder die Gleichberechtigung der Frauen, noch die technischen Errungenschaften Europas, noch die Sozialgesetzgebung sollten irgendwen im Westen dazu verleiten, auf andere Völker herabzuschauen. Das alles ist in großen Teilen auch in Europa selbst kaum älter als 100 Jahre und zum Teil erst nach dem Zweiten Weltkrieg dauerhaft und für viele Menschen umgesetzt bzw. zugänglich gemacht worden. Zuvor waren es andere Völker und Kulturräume, die dem europäischen Kulturraum überlegen waren.

Widersprüche existieren in jeder Gesellschaft. Heute ist jede Gesellschaft weltweit sowohl eine Agrar- als auch eine Industrie-, eine Informations- und Wissensgesellschaft, aber auch eine Kreativ- und Kulturgesellschaft. Nur die Zusammensetzung ist unterschiedlich. Schon in kurzer Zeit wird der Anteil an kreativen und kulturellen Elementen in jeder Gesellschaft zugenommen haben. Selbstveränderung, Toleranz, gegenseitiger Respekt und faire Zusammenarbeit werden Voraussetzungen dafür sein.

Rasche technische Veränderungen führen zu starken Spannungen und Widersprüchen bei jedem Menschen, in jeder Gesellschaft, in jedem Kulturraum und auch zwischen den verschiedenen Kulturräumen. Die größten Spannungen dieser Art gibt es gegenwärtig zwischen dem Kulturraum des Westens, der christlichen Welt, verortet vor allem in Amerika und Europa, und dem Kulturraum des Ostens, der islamischen Welt, verortet vor allem in der nördlichen Hälfte Afrikas, in Arabien, dem Iran und Pakistan. Es sind eigene Widersprüche und Spannungen, die hier nach außen getragen werden.

So wirft der Westen dem Islam übertriebenen religiösen Fanatismus, Zwangsehen, die fehlende Gleichstellung der Frauen, die fehlende Rechtsstaatlichkeit, steinzeitliche Traditionen und archaische Strafrituale sowie Heuchelei bezüglich des Alkoholverbots vor. Auch Bequemlichkeit und Genuss-Sucht wirft er ihm vor, daneben technische und wissenschaftliche Rückständigkeit, archaisches Wirtschaften, die Beschränkung der Meinungsfreiheit, die fehlende Trennung zwischen Staat und Kirche, die Stammesherrschaft und die Unterdrückung der individuellen Freiheit. Er kritisiert auch eine nur rituelle Religionsausübung und die Hörigkeit gegenüber dem Koran.

Der Islam wirft dem Westen umgekehrt Gottlosigkeit, sexuelle Freizügigkeit und Zügellosigkeit vor. Er kritisiert die Auflösung der Familienstrukturen und die Hörigkeit des Westens gegenüber der Wissenschaft. Er wirft dem Westen Respektlosigkeit gegenüber den Völkern des Islams vor, gegenüber ihrer Religionspraxis und ihren Rechten. Zudem kritisiert er Unehrlichkeit, gewaltsame Übergriffe, Brutalität, Hektik, Ruhe- und Pausenlosigkeit, Besserwisserei, Überheblichkeit gegenüber der Natur und gegenüber Gott. Daneben wirft er dem Westen auch eine bewusste Täuschung und massiven Landraub im Namen von Recht, Gesetz und Ordnung vor. Dieser Landraub und diese Täuschungen werden gedeckt und angeordnet von Institutionen wie der UNO, dem Internationalen Währungsfond (IWF), der Weltbank und der Welthandelsorganisation (WTO) sowie zum Teil auch von den humanitären Hilfsorganisationen des Westens. Sie geschehen im Namen des Umweltschutzes, des Freihandels, des Fortschritts oder der Menschenrechte.

In der westlichen Welt wird die kreative Arbeit nur wertgeschätzt, wenn sie mit abrufbaren Leistungen und monetären Kriterien verbunden ist. Das führt zu übertriebenem Aktionismus, zu einem Leistungs- und Effizienzfanatismus. Pausen, Entspannung und Erholung sowie Tagträume werden als nicht effizient negiert und abgelehnt. Dies aber sind wichtige Bausteine innerhalb des kreativen Prozesses, denn sie sorgen für Anregung und Inspiration. Im Westen wird die Intuition unterbewertet, auch Emotionen werden vielfach zu wenig wertgeschätzt, dagegen wird die wissenschaftlich-technische, ökonomische und mathematische Logik überbewertet.

In der islamischen Welt hat man den Eindruck, dass die geistige Arbeit, die Wissenschaft sowie die Malerei und die klassische Musik sowie auch die Individualität nicht entsprechend gewürdigt werden. Körperliche Arbeit, religiös-rituelle, gemeinschaftliche und familiäre Aspekte werden dagegen überbewertet. Es nimmt zwanghaft-fanatische Züge an, wenn von der „Familienehre" die Rede ist. Eine Vorstellung von Ehre, die der westlichen Welt nur schwer vermittelbar ist. Eine Erklärung dafür liefert Rüdiger Nehberg. Er beschreibt, dass diese Ehrvorstellungen mit dem schwierigen Überleben in der Wüste oder Wildnis zusammenhängen, wo man nur als Stamm überleben kann und alles, was den Stamm gefährdet, mit drakonischen Strafen sanktioniert wird. So kann man als Frau bei einigen Stämmen in der islamischen Welt in Afrika-Arabien schon getötet werden, wenn man mit fremden Männern redet, weil dies die „Ehre" der Familie oder des Stammes verletzt (Nehberg 1984: 240, 265).

Durch die schnellen Veränderungen nehmen nicht nur die Spannungen innerhalb und zwischen den Kulturräumen zu, sondern auch die Spannungen und Widersprüche innerhalb jedes einzelnen Menschen. Sie verstärken sich und kommen deutlicher ans Tageslicht als früher. Eigentlich geht es um ein sinnvolles Austarieren von Gegensatzpaaren, welche in jedem Menschen und in jeder Gesellschaft vorhanden sind. Dazu gehören Gegensatzpaare wie Männlich-Weiblich, Körper-Geist, Arbeit-Pause, Chaos-Ordnung, Glaube-Wissenschaft oder Individuum-Gemeinschaft.

Einseitigkeiten werden dann zum Problem, wenn die Ungleichgewichte überhand nehmen; sie führen immer zu Verzerrungen, zu Ungleichgewichten und zu Störungen. Einseitigkeiten betreffen aber nicht nur Kulturräume sondern auch Individuen. Manchmal sind einseitige Glaubenssätze in der kulturellen Tradition, in der Familie oder durch Autoritätspersonen vorgegeben.

Ein neues Bewusstsein der Einheit wird helfen, den Menschen zu verdeutlichen, dass es ihre eigenen Unzulänglichkeiten und Einseitigkeiten sind, die sie in anderen Menschen oder bei anderen Kulturräumen ablehnen, wenn sie Vorwürfe erheben. Die anderen sind lediglich ihr Spiegel, um eigene Schwächen zu erkennen. Es geht um die Einsicht der Notwendigkeit zur Selbstveränderung. Dies ist ein wichtiger Baustein für den eigenen inneren Frieden.

Vielfach sind die Menschen in der westlichen Welt auch überfordert mit den Austarieren der vielen gesellschaftlichen Widersprüche, die es gibt. Und sie sind zum Teil auch nicht in der Lage, sich schnell genug an die wirtschaftlichen, technischen und gesellschaftlichen Veränderungen anzupassen. Sie fühlen sich gegenüber diesen Veränderungen und diesem Erwartungsdruck hilflos und reagieren darauf mit Gewalt gegenüber anderen. Zum Teil reagieren sie darauf auch mit Gewalt oder Ablehnung gegenüber sich selbst, wie z. B. mit Alkoholmissbrauch oder mit übertriebenem Zigarettenkonsum. Die Ablehnung gegenüber sich selbst kann verschiedene Formen annehmen wie z. B. Mager- oder Arbeitssucht.

Tab. 13 Einführung des allgemeinen und gleichen Wahlrechts für Frauen in ausgewählten Ländern Westeuropas und in den USA

Land	Jahr
Österreich	1918
Deutschland	1919
USA	1920
UK	1928
Frankreich	1946
Italien	1946
Schweiz	1971

Quelle: Brockhaus 2006: Wahlrecht. www.wikipedia.de: Frauenwahlrecht. Hinweis: Teilweise gab es schon zuvor eingeschränkte Wahlrechte für Frauen. Die Einschränkungen waren vielfältiger Art. U. a. gab es Einschränkungen bzgl. des Standes, des Alters, ob verheiratet oder unverheiratet. Oder es waren Einschränkungen bzgl. des Wahlrechts selbst, dass entweder nur auf Bundes- oder nur auf kommunaler Ebene galt.

Auch in Westeuropa ist die Gleichstellung der Frau noch nicht so lange her. Die Einführung des Frauenwahlrechts unterlag häufig einem jahrzehntelangen Prozess, wie z. B. in Österreich oder auch in Großbritannien. In Österreich wurde den Frauen des gehobenen Standes schon 1848 ein eingeschränktes Wahlrecht gewährt, was später teilweise wieder zurückgenommen wurde. Das allgemeine und gleiche Wahlrecht wurde ihnen aber erst 1918 zugestanden. In Großbritannien war es ähnlich. Zuerst wurde den unverheirateten Frauen das Wahlrecht gewährt, aber auch nur auf kommunaler Ebene (1869). Danach wurde es auf verheiratete Frauen erweitert, aber auch nur auf kommunaler Ebene (1894). Als nächstes wurde den Frauen das passive Wahlrecht eingeräumt, aber erst ab 30 Jahren (1918). Erst als die Suffragetten-Bewegung (1903 bis 1928) - eine Frauenbewegung, die sich vor allem in Großbritannien und auch in den USA für das allgemeine und gleiche Wahlrecht für Frauen einsetzte - teilweise auch zu radikalen Maßnahmen griff und Schaufenster einwarf, Abgeordnete attackierte und Brände legte, wurde den Frauen in Großbritannien und den USA das allgemeine und gleiche Wahlrecht gewährt. In der Schweiz wurde das Frauenwahlrecht auf Bundesebene erst 1971 eingeführt, in einzelnen Kantonen noch später, als letztes in Appenzell-Innerrhoden im Jahr 1990 (www.wikipedia.de: Frauenwahlrecht).

Ein Film über die Entstehung eines Kaufhauses Ende der 1860er Jahre in Paris, dem „Le Bon Marché", zeigt, dass die Frauen der Oberschicht in Paris damals nicht ohne Begleitung auf die Straße gehen durften. Sie wurden mehr oder weniger im Haus eingesperrt. Erst die Entwicklung des Kaufhauses trug mit dazu bei, dass die Frauen sich emanzipieren konnten, denn dort konnten sie sich den ganzen Tag aufhalten. Es gab dort Lese- und Diskussionsecken und Plätze zum Kaffeetrinken (Film auf Arte vom 31.03.11 von Jeanne Desto „Das Geschäft: Le Bon Marché"). Da sich das Kaufhaus bald darauf auch in London und New York etablierte, trug mit dazu bei, dass die Frauen auf die Straße gingen und für das Wahlrecht der Frauen demonstrierten.

In der islamischen Welt wird zum Teil erst jetzt allmählich über ein Frauenwahlrecht nachgedacht bzw. ein eingeschränktes Frauenwahlrecht gewährt, wie z. B. in den Ländern des „arabischen Frühlings". Saudi-Arabien hat 2011 angekündigt, ein eingeschränktes Wahlrecht für Frauen im Jahr 2015 einzuführen.

Die Gleichbehandlung der Frauen ist in Westeuropa zwar weiter vorangeschritten als in der islamischen Welt, aber sie ist auch noch nicht abgeschlossen. Zwar steht sie in der Verfassung der Staaten Westeuropas, aber den gleichen Lohn für gleiche Arbeit bekommen Frauen deswegen noch lange nicht.

5.0 Das Zusammenwachsen unterschiedlicher Kultur- und Bewusstseinsräume

Die Verkehrs-, Handels- und Warenströme sind schon vielfach globaler Natur. Die drei Kulturräume sind allerdings noch nicht zu einem zusammengeschmolzen. Hierzu fehlen noch die dafür notwendigen Geschichten, Bilder, Erzählungen und auch die dafür notwendigen Töne und Klänge.

Ein neues Bewusstsein wird neue technische Produkte mit sich bringen, welche die neuen Leitwerte zum Ausdruck bringen werden. Die Entwicklungen in der Kunst werden helfen, ein Weltbewusstsein entstehen zu lassen. Die Medien und die Wirtschaft werden es verbreiten. Die Malerei hat ihren Teil schon dazu beigetragen. Auch das globale Design ist schon sehr modern. Die Musik und die Literatur sind aufgefordert, ihre Beiträge zu liefern. Die Popmusik ist historisch gesehen schon auf dem Wege, die melodiösen und tänzerischen Elemente von Musik wieder zu vereinen. Dieses ist eine wichtige Voraussetzung, um den europäisch-amerikanischen und den arabisch-afrikanischen Kulturraum stärker miteinander verbinden zu können (Krautscheid 2004).

Gleichwohl sind die Lebenswelten vielfach von unterschiedlichen Sichtweisen geprägt. Hat für die westliche Welt z. B. in Deutschland der technische Fortschritt viele Freiheiten gewährt in Bezug auf die Unabhängigkeit der Suche des Wohnortes, des Arbeits- und Ausbildungsplatzes, der Losgelöstheit von den Unbilden der Natur in großzügigen Wohnverhältnissen (über 40 m^2/Person in Deutschland 2009; St. Jb. 2011: 293), der medizinischen und ausbildungstechnischen Versorgung, der Versorgung mit Lebensmitteln etc. - so sind diese Errungenschaften der Moderne vor allem in Afrika nicht nur in ihren positiven Elementen in Erscheinung getreten. Hier zeigten sich die negativen Seiten des Fortschrittes, die der Westen lange Zeit vor sich und der Welt verborgen halten konnte, da er sie einfach „exportierten" konnte.

Die Fluor-Chlor-Kohlenwasserstoff-Wirtschaft erzeugt hochgiftige Abfälle, die man zum Teil kostengünstig in Afrika oder in der dritten Welt entsorgt hat. Diese Art der Abfallentsorgung ist für viele Produkte praktiziert worden (Ernst, Weiss u. a. 1988). Erst allmählich wird offenkundig, dass man hier Grenzen überschritten hat. Nun wird versucht, die Fluor-Chlor-Kohlenwasserstoff-Chemie umweltfreundlicher zu gestalten. Noch sinnvoller wäre es, eine Wasserstoff-Wirtschaft aufzubauen.

Die Erderwärmung und der damit verbundene Klimawandel, der auf Grund von Treibhausgasen vor allem westlicher Industrieländer entstanden ist, machen das Leben in der Nähe des Äquators zunehmend schwieriger. Auch ihre Bodenschätze haben diesen Ländern wenig eigene Zukunft beschert (s. Kap. 6 u. 7). Das Bewusstsein der Einheit - in einem Bewusstseinsraum zu leben - wird helfen, diese Schwierigkeiten zu überwinden.

5.1 Die Auflösung nationaler Grenzen

Die neuen Leitwerte werden die Grenzen der Kulturräume weitgehend auflösen. Entsprechende Werke in der Malerei, der Musik und der Literatur werden dabei behilflich sein oder waren es zum Teil schon. So hat z. B. die Malerei schon wesentliche Elemente der künftigen Weltgesellschaft, die neuen Leitwerte, umgesetzt in Form und Farbe. Diese sind schon heute als Alltagsdesigns gelebte Alltagswelt nicht nur in dem Kulturraum Amerika-Europa, sondern auch in Afrika-Arabien und in Asien. Sie sind Teil des Bewusstseinsstroms, der Zunahme von Bildern, Klängen, Eindrücken, Gedanken, Geschichten sowie auch von Wissen, Informationen, Waren, Kapital und Energien. Auch durch die Zunahme des Bewusstseinsstroms werden sich nationale Grenzen immer mehr auflösen.

Viele Aspekte anderer Kulturräume sind schon heute Teil des eigenen Kulturraums, in Asien, wie in Afrika-Arabien und auch in Amerika-Europa. Dazu zählen u. a.
- die Spiritualität, die Meditation und die vegetarische Ernährungsweise aus Asien;
- die moderne Wissenschaft und Technik aus Amerika-Europa sowie
- die Kaffeehaus-Kultur, die Tanz- und die Erzählkultur aus Afrika-Arabien.

Auch die Entwicklung von Filmen und Literaturwerken, die weltweit zu sehen oder zu erhalten sind, werden zu einem einheitlichen Weltbewusstsein beitragen. Der Verkauf von Konsumgütern wie Autos wird immer aufwendiger gestaltet, vor allem in puncto Werbung: Eventveranstaltung, Produktplacement in Filmen und TV-Serien oder Autos als Hauptgewinne bei Talkshows - all das hat zugenommen. Die Geschichten, die um das Produkt herum erzählt werden, werden immer aufwendiger in Szene gesetzt. Hier lösen sich nicht nur die Grenzen zwischen Wirtschaft und Kunst immer stärker auf, sondern es verschieben sich auch die Grenzen zwischen den Kulturräumen. Denn Werbung, Filme und Serien sind via Satellit weltweit präsent. Ein Fußball-Spiel der Extraklasse in Europa wird heute weltweit übertragen. Eine Großveranstaltung wie das Wirtschaftsforum in Davos findet weltweit Beachtung. Eine amerikanische Spitzen-Serie wird weltweit via DVDs in den Handel gebracht. Eine Spitzen-Werbegeschichte ist nicht nur in Europa zu sehen, sondern weltweit. Diese Produkte gleichen immer mehr Kunstwerken, im Aufbau, in der Machart und auch in der Art der Aussage. Häufig werden sie noch mit hervorragender Musik untermalt, die sich entweder an die europäische Klassik in moderner verpopter Form anlehnt oder direkt Spitzenwerke der europäischen Klassik zur Untermalung der kulturellen Bedeutung des Produktes einsetzt.

5.2 Neue Leitwerte

Ein einheitliches Weltbewusstsein wird die Grundvoraussetzung sein, um eine Weltgesellschaft und eine Weltkultur entstehen lassen zu können. Im Moment sieht vieles anders aus. Es gibt immer mehr Tendenzen der Abschottung der unterschiedlichen Nationen, Religionen und Kulturräume untereinander. Das ist in Zeiten des Umbruchs nichts Ungewöhnliches.

Wichtige Voraussetzungen für eine kommende Weltgesellschaft ist eine Neuausrichtung des ökonomischen Sektors in Richtung Einheit, Bewusstsein, Kreativität, Poesie und Kultur.

Daneben werden Werkzeuge entwickelt werden, mit denen sich auch komplexe Problemstellungen sinnvoll lösen lassen, wie z. B. durch den „Runden Tisch" (s. Kap. 8). Die

Gesetzte des Bewusstseins werden immer stärker naturwissenschaftlich erforscht werden. Dies wird den Schlüssel dazu liefern, andere Technologien zum Einsatz bringen zu können. Zudem werden die Gesetze des Bewusstseins den Menschen helfen, ihr Leben mehr auf den inneren Frieden und auf die Selbstveränderung hin ausrichten zu können.

In der Weltgesellschaft der Zukunft wird es viel um das Bewusstsein und um Bewusstseinsenergien gehen. Die Gesetze des Bewusstseins werden näher erforscht werden und man wird sie besser verstehen. Die Bewusstseinsenergien können verschiedene Formen annehmen bzw. in verschiedenen Formen in Erscheinung treten, u. a. als:
- Inspirationsenergie für Künstler und Kunstwerke;
- Klarheit, Strukturiertheit und Ordnung im Bereich der Staats- und Rechtswissenschaft;
- kreative Energien, die Neues und Ungewohntes erschaffen, entdecken und zusammenführen, sei es in der Kunst, Technik, Wirtschaft oder Wissenschaft.

Gleichwohl ist der Bereich der Bewusstseins-Energie noch weitgehend unerforscht. Hier gibt es auch heute noch Überschneidungen mit der Religion oder der so genannten Esoterik. Die Gesetze in diesem Bereich sind mathematisch-naturwissenschaftlich noch nicht umfassend erforscht. Aus den verschiedenen Weltreligionen und aus der Esoterik sind u. a. bisher folgende Ziele bzw. kosmischen Gesetze bekannt:
- das Ziel des inneren Friedens und der Einheit mit der kosmischen Kraft für jeden Menschen als Grundlage des Friedens in der Welt (Singh 1997);
- Actio gleich Reactio oder die goldene Regel, die auf allen Ebenen gilt, im Bereich der Tat, des Wortes oder im Bereich der Gedanken (Murphy 2008).

5.3 Das Weltbürgertum

Ein Weltbürgertum wird sich bilden. Bürger sind Menschen mit gleichen Rechten. Und immer ging es auch um die menschliche Würde. Was einen Bürger ausmacht, war auch immer das, was einen Menschen ausmachte. Immer ging es bei der Formulierung von Bürgerrechten auch um das Menschen- und Weltbild einer Gesellschaft.

Was in den Bereich der menschlichen Würde fällt, hat sich erst im Laufe der Zeit herauskristallisiert und muss ständig neu austariert werden, da immer neue Bereiche hinzukommen. Die UNO-Menschenrechtscharta von 1948 hat u. a. das Recht auf Meinungsfreiheit, künstlerische Freiheit, Wahlfreiheit usw. angeführt, neben einem Recht auf kulturelle Teilhabe, den verschiedenen Arbeitnehmerrechten, wie dem Recht auf eine angemessene Entlohnung, Beschränkung der Arbeitszeit, Freizeit, Urlaub usw. Dies waren Menschen- und Bürgerrechte, die man formulieren konnte auf Grund der bisherigen Erfahrungen mit der industrialisierten Gesellschaft, den vorhandenen philosophischen Leitwerten Freiheit und Selbstbestimmung und der Arbeit der Sozial- und Kulturwissenschaften.

In Zukunft wird es darum gehen, diese Rechte weiterzuentwickeln, sie weiter zu konkretisieren für die Informations- und Wissensgesellschaft, für die Kreativ- und Kulturgesellschaft und auch für die Weltgesellschaft. Es sind neue Leitwerte entwickelt worden, die das Menschen- und Weltbild verändern werden und damit auch die Menschen- und Bürgerrechte.

Trotz der UNO-Menschenrechtscharta werden in vielen Ländern auf der Welt die geltenden UNO-Menschen- und Bürgerrechte noch immer nicht ausreichend umgesetzt und vielen Menschen bleibt ihr Recht auf eine würdevolle Behandlung versagt.

Das Bürgertum nimmt seinen Ursprung in der griechischen Antike. Hier gab es die Freien und Gleichen sowie das Ideal des Dialogs. Der Dialog wurde zwischen zwei Personen geführt, andere hörten zu. Teilweise wechselte der Dialogpartner, ähnlich wie es im Werk von Platon (427-327 v. Chr.) beschrieben ist (Platon Werke 1990). Es galt der faire Wettstreit. Es war ein Ringen um das Verstehen von Strukturen, von Erscheinungen und von historischen Ereignissen. Es ging um das Finden der besten Ideen, Lösungsansätze und Problembehandlungen. Platon gründete 385 v. Chr. seine Akademie (Brockhaus 2011). Dies war ein Ursprung der Wissenschaften. Wissenschaft findet immer in Dialogform statt. Es galt das Ideal, dass die Wissenschaft für den Fortschritt und das Wohl der Menschheit steht.

Den fairen Wettstreit gab es auch im Sport, in Olympia. Es war ein Wettstreit der griechischen Stämme untereinander. Es galt auch hier das Ideal der Brüderlichkeit und der Verständigung. Aber nicht nur der Körper stand im Mittelpunkt und der faire körperliche Wettkampf. Es war ein Treffen von Individuen, die das Ideal der Bildung in allen Bereichen verkörperten: sowohl des Körpers, des Willens, des Geistes als auch der Seele. Es ging nicht nur um Sport und Wehrhaftigkeit, obwohl Wehrhaftigkeit auch eine Rolle spielte. Es ging um die Anerkennung unter Gleichen, um das Feiern des Zusammenhalts und des humanen Ideals, welches diese Gesellschaft getragen hat. Man war ein Bürger der griechischen Stämme, man gehörte dazu. Heute ist dieses griechische Ideal in allen Gesellschaften weltweit gültig. Man möchte als Mensch und Bürger einer Gesellschaft anerkannt werden. Man möchte dazugehören, zu den Gleichen.

In der Weltgesellschaft sind die „griechischen Stämme" nicht mehr nur auf Griechenland bezogen, sondern auf alle Nationen der Welt. Griechenland wird zur Welt und die Welt wird zu Griechenland, zu diesem Ideal von Wissenschaft, Freiheit, Gleichheit und Brüderlichkeit.

Auch im Bereich der Medizin wurde auf Werte und Ideale geachtet. So haben die Griechen den Eid des Hippokrates (460-370 v. Chr.) eingeführt, den auch heute noch in Deutschland jeder angehende Arzt leisten muss.

Deutschland hat sehr viel von der griechischen Philosophie übernommen, vor allem das strukturorientierte Denken. Der deutsche Philosoph, Theologe und Wissenschaftsorganisator Friedrich Schleiermacher (1768-1834) hatte durch seine Übersetzung der Werke Platons erheblich dazu beigetragen.

Die Entwicklung eines Bürgertums begann in Mitteleuropa im 12. Jahrhundert. Zunächst gab es die Händler und Handwerker, die in den neu gegründeten und wachsenden Städten selbständig ihr Auskommen fanden. Sie bildeten Vereinigungen. So entstand im Laufe der Zeit das Bürgertum, später „dritter Stand" genannt, neben dem Adel und der Geistigkeit. Dieser bürgerliche Stand wurde sich immer mehr seiner selbst bewusst und vertrat seine Rechte und Ansprüche zunehmend selbstbewusster. Die Bewegungen des Liberalismus, der Wissenschaft, der Kultur und der Bildung wurden von ihm vorangetrieben.

Zum Ende des 18. Jahrhunderts war mit der Französischen Revolution (1789) dieser Kampf der Bürger um Freiheits- und Mitbestimmungsrechte zum Ausdruck gekommen und die Bürger forderten ihre Rechte jetzt auch politisch ein. Im Verlaufe des 19. Jahrhunderts hat sich dieser Kampf um Bürgerrechte auch in anderen europäischen Ländern manifestiert. Im Zuge der Industrialisierung verstärkten sich die Gegensätze innerhalb des Bürgertums: das Großbürgertum auf der einen Seite, das Kleinbürgertum auf der anderen. Aber nicht nur innerhalb des Bürgertums gab es immer mehr Trennendes, sondern auch zwischen dem Bürgertum und der entstehenden Fabrikarbeiterschaft (Schischkoff 1991).

Die Umbrüche von einer ständischen Agrargesellschaft und bürgerlichen Gesellschaft in den Städten in eine Industriegesellschaft im 19. Jahrhundert führten in Deutschland zu großen Missständen und scharfen Klassengegensätzen. Diese sind heute für weite Teile der westdeutschen Gesellschaft nur noch schwer nachvollziehbar.

Mussten um 1850 viele Menschen, auch Kinder, für Hungerlöhne in Fabriken oder im häuslichen Verlagswesen zu unmenschlichen Bedingungen arbeiten, so sind heute in Westeuropa im Vergleich dazu paradiesisch anmutende Zustände Wirklichkeit geworden: flächendeckende ärztliche Versorgung, Acht-Stundenarbeitstag, Wohnungen mit fließend Wasser, Heizung und Strom und ca. 40 m^2 Wohnfläche pro Person, schulische und berufliche Ausbildung sowie Altersversorgung oder Sozialhilfe und eine Versicherung gegen Arbeitslosigkeit.

Der Wohlstand Westdeutschlands seit den 1960er Jahren bis etwa Ende der 1980er Jahre hat die Menschen hierzulande in eine andere soziale Dimension des Daseins gebracht. Es ist für sie kaum vorstellbar, das auch das Leben in Deutschland vor nur wenigen Jahrzehnten für die allermeisten Menschen ganz anders ausgesehen hat.

Dass dies in weiten Teilen auf der Welt auch heute noch so ist, können sich viele junge Menschen in Westdeutschland kaum vorstellen. Es zeichnen sich die ersten Brüche und Risse dieser heilen Welt ab: Kinderarmut, veraltete Straßen und Wohnviertel nicht nur im Ruhrgebiet, sondern auch in Münchens Außenbezirken, Lohndumping und eine erhöhte Anzahl von Bettlern und Obdachlosen in den Innenstädten.

Karl Marx (1818-1883) und Friedrich Engels (1820-1895) sahen voraus, dass es zu einer weltweiten Konzentration des Kapitals kommen würde und zu einer Verelendung der Massen. Sie glaubten, dass als Gegenreaktion mit der Zeit eine staaten- und klassenlose Gesellschaft entstehen würde. Das Kommunistische Manifest (1848) geht von der Vorstellung einer Weltgesellschaft aus. Es beschreibt relativ genau die globalen Rohstoff-, Waren-, Kapital-, Informations- und Wissensströme, die heute Wirklichkeit geworden sind. Auch zahlreiche der damit verbundenen Schwierigkeiten werden genannt: die Konzentration von Macht und Eigentum, die globale Ausbeutung von Mensch und Natur, die globale Enteignung, Entwertung und Vergemeinschaftung von Wissen sowie die Etablierung von Nationalstaaten, die sich gegenseitig die Aneignung der globalen Rohstoffe und Ressourcen streitig machen.

II. Hemmnisse

6.0 Der Agrar- und Umweltbereich

Im Folgenden geht es um Bereiche, die rechtlich und politisch Vereinigungen aufweisen, aber neue Abhängigkeiten von Zentren und Peripherien bewirken, z. B. Übertretungen des europäisch und amerikanisch geprägten Rechtssystems und der Rechte auf geistiges Eigentum. Dabei geht es insbesondere um die rechtliche Durchsetzung von gentechnisch veränderten Produkten auf den Weltmärkten, verbunden mit entsprechenden Urheberrechts- und Haftungsansprüchen, die bezüglich der Bauern in Indien, in Südamerika und auch anderswo durchgesetzt werden (Shiva 2004, Robin 2009).

Das Allgemeine Zoll- und Handelsabkommen GATT, *General Agreement on Tarifs and Trade* (1947) mit Sitz in Genf, eine Sonderorganisation der UNO, führt diese Übertretungen des Rechts durch. Die Nachfolgeorganisation des GATT ist die Welthandelsorganisation WTO, *World Trade Organization* (1995), ebenfalls mit Sitz in Genf, auch eine UNO-Organisation. Diese Organisation maßt sich an, im Namen von Freiheit und Recht und mit Hilfe von Krediten der Weltbank und des Internationalen Währungsfonds (IWF) - beide haben einen Beobachterstatus bei der WTO und sind auch UNO-Organisationen - sowie regionalen Regierungsvertretern und Behörden den Kleinbauern z. B. in Indien ihr Land wegzunehmen, um auf deren Land großindustrielle Agrarbetriebe ansiedeln zu können, die Luxusprodukte für den Westen fabrizieren: Nüsse, Kaffee, Tee, Baumwolle, Blumen, Fleisch oder Shrimps (Shiva 2003, 2004). Mit Hilfe von Krediten der Weltbank und des IWF werden die ärmeren Länder gezwungen, teuere Hochertragssorten und Pestizide zu kaufen und die genannten Luxusprodukte für den Weltmarkt anzubauen. Diese Praxis des IWF und der Weltbank zerschlägt systematisch kleinbäuerliche, lokale und regionale Strukturen. Häufig wird einheimischen Bauern ihr Land einfach weggenommen. Es wird zwar eine Entschädigung in Aussicht gestellt, aber diese wird meist nicht gezahlt.

Heute werden diese Freiheits- und Handelsrechte durch andere Abkommen ergänzt, wie z. B. dem Abkommen zum Schutz „handelsbezogener Aspekte der Rechte des geistigen Eigentums (TRIPs)". TRIPs (*Agreement on Trade-Related Aspects of Intellectual Property Rights*) wurde von den global operierenden Unternehmen weitgehend gestaltet und 1994 am Ende der Uruguay-Runde eingeführt, als letztes Abkommen des GATT. Als die indische Regierung sich weigerte, das TRIPs-Abkommen zu unterzeichnen, wurde sie 1998 von der US-Regierung vor der „Verfassung" der WTO verklagt. Ergebnis: Die Richter der WTO zwangen Indien, das amerikanische Patentrechtsverständnis anzuerkennen (Shvia 2004: 120).

Dieses Abkommen sichert den Saatgutkonzernen ihre Rechte an geistigem Eigentum zu, insbesondere an gentechnisch verändertem Saatgut. Die Bauern müssen dann für die Verwendung von gentechnisch verändertem Saatgut sowie für die Lagerung und den Transport ihrer Ernte Lizenzgebühren an Saatgutfirmen bezahlen. So erhielt z. B. die texanische Firma *RiceTec Inc.* ein Patent auf gezüchteten Basmati-Reis, den sie mit andern Reissorten gekreuzt hatte. Hier wurden jahrhundertealte Züchtungsanstrengungen indischer und pakistanischer Bauern kurzerhand vom US-Patentamt zunichte gemacht, weil diese Reissorte der Firma *RiceTec Inc.* jetzt als neu galt. Patente auf Kreaturen sind ein Widerspruch in sich. Die möglichen Folgen wären, dass *RiceTec Inc.* die indischen Bauern vor Gericht zerren und Lizenzgebühren verlangen könnte auf Grund von Patentrechtsverletzungen. Damit wäre die Existenzgrundlage von 250.000 Bauern in Indien und Pakistan bedroht, die Basmati-Reis anpflanzen. Die Zahlen stammen aus dem Jahr 1998/2000. Heute dürften es noch mehr sein. Ähnliches gilt für Gewürze wie Ingwer oder Senf. So bedrohen westliche Rechtsauffassungen die Ärmsten der Armen in Indien und Pakistan (Shiva 2004: 114ff).

Das geplante ACTA-Abkommen (*Anti-Counterfeiting Trade Agreement*; deutsch: Anti-Produktpiraterie-Handelsabkommen) vom Mai 2011 zum Schutz des geistigen Eigentums stellt eine Erweiterung des TRIPs-Abkommen dar. Paragraph 1 dieses Abkommens weist ausdrücklich darauf hin, dass das TRIPs-Abkommen von dem neuen ACTA-Abkommen unberührt bleiben soll. Hier wird das Urheberrecht missbraucht, um Piraterie und Diebstahl zu legitimieren.

6.1 Landbesitz als Voraussetzung menschlicher Existenz

Der Agrarbereich schafft die Grundlagen für das Leben und Zusammenleben der Menschen. Gerät er in Schieflage, dann lassen sich schwer urbane und industrielle Formen des Zusammenlebens aufrecht erhalten. Dazu muss man wissen, dass viele Menschen auf der Welt auch heute noch weitgehend in kleinbäuerlichen Verhältnissen leben und global gesehen die Welt in großen Teilen noch immer eine Agrargesellschaft ist.

6.1.1 Enteignungen von Landbesitz

Das westliche Finanz-, Wirtschafts-, Technologie- und Rechtssystem greift weltweit immer stärker nach Rohstoffen und immer umfassender und großflächiger in diese Landbesitz- und Pachtrechte der Menschen ein. Finanzindustrien reicher Länder kaufen heute Land in anderen Teilen der Welt auf. Ihnen gehört dann nicht nur das fruchtbare Ackerland, sondern sie beanspruchen auch die dort liegenden Bodenschätze. So hatten z. B. die Südkoreaner im Jahr 2009 schon 2,3 Mio. Hektar Land im Ausland erworben. Die Chinesen haben laut Schätzungen in etwa 5 Mio. Hektar bioproduktive Flächen an Land vor allem in Brasilien und Afrika aufgekauft. Die chinesische Industrialisierung hat zum Verlust von etwa 8 Mio. Hektar Land geführt. Die Vereinigten Arabischen Emirate haben in Pakistan 0,9 Mio. Hektar Land gekauft. Auch Katar, Kuwait und Saudi-Arabien kaufen Land im Ausland. Die Ukraine mit ihren fruchtbaren Böden ist zum Objekt der Begierde von Firmen unterschiedlicher Länder geworden (Putzer 2009: 39f). Zudem wird geschätzt, dass in etwa auch 0,4 Mrd. ha. in den letzten gut 15 Jahren und vor allem seit der Finanzkrise 2008 weltweit verkauft worden sind (Bommert 2012). Große Fonds kaufen Land auf, und versprechen ihre Anteilsnehmern eine hohe Rendite von teilweise 25 %. Sie glauben an steigende Lebensmittelpreise und wissen, dass sie CO_2-Zertifikate an der Börse in Chicago handeln können.

Diese Jagd nach den Äckern der Welt hat sich seit der Finanzkrise noch verstärkt, immer mehr Fonds greifen auf die Äcker der Welt zu. Einmal um Pflanzen für Biosprit und Biogasanlagen anzubauen, ob in Afrika oder auch in Deutschland, oder um große Gutshöfe zu schaffen, die kapitalintensiv für den Weltmarkt produzieren sollen, häufig unter Vertreibung der ortsansässigen Bevölkerung. Bei geschickter Wahl des produzierten Erzeugnisses können entsprechende CO_2-Zertifikate an der Börse in Chicago gehandelt werden. Für jede eingesparte Tonne CO_2 pro ha Bodenfläche gibt es entsprechende börsenfähige Wertpapiere. Große Fonds auch in Deutschland haben keine Probleme damit, hohe Preise für Ackerland zu bezahlen, da sie in der Lage sind, auch entsprechende Biogas-Anlagen aufzustellen. Die Bauern können mit der normalen Ernte ihre Pachtbeträge nicht mehr erwirtschaften und werden von ihrem gepachteten Land vertrieben (Bommert 2012: 91-94). Dazu muss man wissen, dass in Deutschland etwa 200.000 der 300.000 Höfe auf gepachtetem Land wirtschaften. Auch die landwirtschaftlich genutzte Fläche von insgesamt 16,7 Mio. ha ist zu großen Teilen verpachtet, 14,2 Mio. ha dieser Fläche sind Pachtland (St. Jb. 2011: 335, 338f).

6.1.2 Enteignung von Saatgut

Mit Hilfe des Welthandelsrechts, vertreten durch die *World Trade Organization* (WTO), werden Eigentumsrechte auf Saatgut weltweit durchgesetzt. Dieses globale Handelsrechtssystem ist pervertiert und hat aus Saatgut und damit aus Lebewesen Eigentum gemacht. Der Mensch betrachtet in diesem Rechtssystem die Schöpfung als sein Eigentum. Große technisch-wirtschaftliche Systeme behandeln das Saatgut von Lebewesen als technisches Produkt, über das sie frei verfügen können. Das Eigentumsrecht wird beansprucht, da man der Pflanze ein zusätzliches Gen eingepflanzt hat. Nicht nur das Saatgut wird teurer, sondern auch Verkauf, Lagerung und Transport. Dies ist schon gängige Praxis in vielen Ländern auf der Welt. Argentinische oder brasilianische Bauern, die sich weigern, diese Abgaben zu bezahlen, bekommen Handelsschranken der EU auferlegt und dürfen ihre Waren nicht in die EU ausführen.

6.1.3 Landwirtschaft und Lebensmittel als Existenzgrundlage

Auch heute noch sind weltweit die meisten Erwerbstätigen in der Landwirtschaft beschäftigt. Das mag für Menschen in Westeuropa und Nordamerika verwunderlich sein, da hier nur etwa 2 bis 4 Prozent der Menschen in der Landwirtschaft arbeiten. Weltweit sind etwa

2,6 Mrd. Menschen in der Landwirtschaft tätig (IAASTD Weltagrarbericht 2009: 54). In Indien verdienen ca. 75 % der Bevölkerung ihren Lebensunterhalt in der Landwirtschaft; weltweit lebt jeder vierte Bauer in Indien (Shiva 2004: 17). Viele Menschen auf der Welt haben ein so geringes Einkommen, dass sie 50 % und mehr davon für Lebensmittel ausgeben müssen. Ein Anstieg der Lebensmittelpreise von 20 % und mehr treibt diese Menschen in Verzweiflung, Hunger und Elend. Aus tiefer Not entstehen so politische Unruhen, Gewalt, Krieg und Terror (Hirn 2009: 188, 218ff).

Für die Menschen in Westeuropa ist dies nur schwer vorstellbar, da sie in der Regel nur einen geringen Teil ihres Einkommens für Nahrungsmittel ausgeben müssen. Auch die Verfügbarkeit von Nahrungsmitteln ist für die Menschen hierzulande zur Selbstverständlichkeit geworden. Das dies historisch gesehen ein Novum ist und es noch vor 100 Jahren auch in Westeuropa ganz anders war, wird dabei vielfach übersehen. Noch weit ins 19. Jahrhundert hinein gab es Auswanderung aus Europa auf Grund von Missernten und noch in den 1960er Jahren mussten viele Menschen auch in Westeuropa einen größeren Teil ihres Einkommens für Lebensmittel ausgeben. Butter, Bohnenkaffee oder Südfrüchte waren für viele Menschen zu teuer, um sie täglich verzehren zu können.

In anderen Teilen der Welt geht es bei der Frage der Lebensmittelpreise für viele Menschen um die nackte Existenz. Ein paar Beispiele sollen genügen, um zu verdeutlichen, dass die Lebenssituation für viele Menschen in anderen Teilen der Welt sich ganz anders darstellt als für die Menschen in Westeuropa. So geben viele der 170 Mio. Einwohner Pakistans etwa die Hälfte ihres Einkommens für Lebensmittel aus (Hirn 2009: 218). In Bangladesch leben etwa 60 Mio. Menschen unterhalb der Armutsgrenze. Viele Menschen in Bangladesch nähen für westliche Konzerne, wie zum Beispiel für H & M. Ein Textilarbeiter muss 70 % seines Lohnes für Reis ausgeben (Hirn 2009: 188). In Ägypten muss ein Arzt, der in einem staatlichen Krankenhaus arbeitet, viel Geld für Nahrungsmittel ausgeben. Er verdient 33 Euro im Monat (280 ägyptische Pfund), muss aber für ein Kilo Reis 4 ägyptische Pfund bezahlen und 20 ägyptische Pfund für eine Dose Pflanzenfett (Hirn 2009: 182). Auch in weniger armen Ländern müssen viele Menschen von nur 1 bis 2 Dollar pro Tag leben. Das gilt in diesen Ländern auch zum Teil dann, wenn das Bruttoinlandsprodukt (BIP) etwa 100 Mrd. US-Dollar pro Jahr beträgt, da der Reichtum in diesen Ländern meist sehr ungleich verteilt ist.

In Osteuropa müssen die Menschen einen Großteil ihres Einkommens für Lebensmittel ausgeben, zwei Drittel der Russen 50 bis 75 % (Hirn 2009: 180). Auch in den USA und in Westeuropa ist der Hunger wieder da. In den USA waren im Jahr 2007 etwa 36 Mio. Menschen auf Lebensmittelhilfen angewiesen (Hirn 2009: 176). In Berlin versorgt die Berliner „Tafel" etwa 125.000 Menschen mit Lebensmitteln (Hirn 2009: 177f).

6.2 Grundrechte für die Umwelt

Die Schwierigkeiten bei der Einführung eines Grundrechte-Kataloges für die Umwelt sind groß. Zum einen gibt es keine globale, gewählte Instanz, die diesen Standard verbindlich setzen kann. Die UNO ist dazu aus den verschiedensten Gründen nicht geeignet. Sie ist auch nicht demokratisch legitimiert.

Zum anderen ist die heutige Weltwirtschaft noch immer stark von fossilen Brennstoffen abhängig, mehr als allgemein bewusst. Weltweit lag der Primärenergieverbrauch im Jahr 2010 bei 12 Mrd. Tonnen Öleinheiten (ÖE). Knapp 90 % dieses weltweiten Primärenergiebedarfs wird auch noch im Jahr 2010 von fossilen Brennstoffen gedeckt. Erdöl hat den höchsten Anteil mit 34 % am Weltprimärenergieverbrauch. Stein- und Braunkohle decken zusammen 30 % und Erdgas 24 % des Weltprimärenergieverbrauchs. Die Kernenergie deckt etwa 5 % und die Wasserkraft 7 % des Weltprimärenergiebedarfs. Die erneuerbaren Energien spielen weltweit mit 1,3 % nur eine untergeordnete Rolle. In einzelnen Ländern wie in Portugal, Dänemark und Neuseeland liegt ihr Anteil am Primärenergieverbrauch bei etwa 10 % (Fischer-Weltalmanach 2011: 673f). Nicht erfasst sind hierbei die gut 2 Mrd. Menschen, die ihren Energiebedarf aus Brennholz, Dung und Torf decken.

Die Schwierigkeit besteht darin, dass wir heute in großen, technischen Systemen denken und handeln, die im Wesentlichen auf Erdöl, Erdgas oder Stein- und Braunkohle basieren. Hinzu kommt die enge Verquickung zwischen der Energie-, Öl-, Agrar-, Chemie-, Pharma- und Finanzindustrie.

Das Wirtschaftssystem im Westen ist vor allem auf die fossilen Energieträger hin ausgerichtet: Die Landwirtschaft, die Energie- und Verkehrstechnik, Teile der Verpackungsindustrie für Lebensmittel und Kosmetika, die Farben- und Bekleidungsindustrie, die pharmazeutische Industrie - in ihnen allen spielen fossile Energieträger eine große Rolle. Auch im Bereich der Unterhaltungselektronik, im Fahrzeugbau und in der Möbelindustrie wird auf fossile Energieträger gesetzt.

Auf Grund der globalen Klimaerwärmung und der Endlichkeit der Ressourcen des Planeten Erde erscheint es notwendig, dass Zeitalter der fossilen Brennstoffe zu beenden. Das bleibt schwierig: Wir decken wie 1970 noch immer ca. 90% unseres weltweiten Energiebedarfs weiterhin mit fossilen Brennstoffen. Trotz des Kyoto-Protokolls (1997) gab es eine ständige Zunahme des Verbrauchs an fossilen Energieträgern.

Aber das Bewusstsein für Umweltprobleme hat sich weltweit erhöht. Bis jetzt sind die Zuwächse im Bereich der erneuerbaren Energien global gesehen aber minimal. Und auch der prozentuale Anteil der Wasserkraft hat sich in den letzten 40 Jahren kaum erhöht. Die großen Staudammprojekte, die in China und anderen Ländern zur Energieerzeugung beitragen, haben neue Umweltprobleme geschaffen.

Ein Grundrechte-Katalog für die Umwelt ist zu erarbeiten und hat eine Umstellung des Wirtschaftssystems auf eine postfossile Ära einzufordern. Das wird nicht von heute auf morgen möglich sein. Wichtig ist aber, dass das Ziel angestrebt wird und schon jetzt in allen Bereichen mit einer Umstellung begonnen wird. Mit einer Übergangszeit von 10 bis 40 Jahren für die verschiedenen Industriezweige ist zu rechnen. Auch die Länder Brasilien (6), China (2) und Indien (11), die sich immer stärker wirtschaftlich und technologisch entwickelt haben und sich jetzt schon unter den 10 bzw. 11 größten Wirtschaftsnationen der Erde befinden, haben dazu ihren Beitrag zu leisten (Zahlen für 2011; de.wikipedia.org).

Sie weisen allerdings zu Recht daraufhin, dass nicht sie es waren, die den Klimawandel verursacht haben, sondern der Westen. Diese Länder, die sich als aufstrebende Nationen sehen, haben ein ungezügeltes Wachstum und verbrauchen viel Energie, die meistens auf fossilen Brennstoffen beruht. Diese Länder möchten sich nicht auf verbindliche Klimaziele festlegen, was verständlich ist. Aber auch in diesen Ländern wächst das Umweltbewusstsein.

Global gesehen macht es keinen Sinn, sich weiter zu zerstreiten darüber wer Schuld am Klimawandel hat oder wer bisher weniger CO_2 in die Luft geblasen hat und aus diesem Grund heute mehr CO_2 in die Luft blasen darf usw. Dies führt nicht weiter.

Ziel muss sein, den CO_2-Ausstoß und damit den Klimawandel so schnell wie möglich zu bremsen. Leider sind nicht nur die ehemaligen Entwicklungsländer sehr halsstarrig und berufen sich auf ein imaginäres „wirtschaftliches Wachstumsrecht". Die Industrieländer sind es auch. Niemand möchte seinen Wirtschaftsstandort gefährden. Alle möchten ein ungebremstes wirtschaftliches Wachstum haben. Dies ist verständlich, da nach dem allgemeinen Verständnis technischer Fortschritt und wirtschaftliches Wohlergehen zusammenhängen.

Da der Wohlstand auch in den Industrieländern vorwiegend auf Öl und Erdgas basiert, fürchtet man eine Verschiebung des Wohlstandes zugunsten von anderen Ländern oder anderen Bevölkerungsgruppen, wenn sich in der Energieversorgung etwas verändert. Diese Furcht ist weitgehend unbegründet.

6.2.1 Die Folgen des Klimawandels

Ein ökonomisches Effizienzdenken, das den Menschen, die Kultur und die Umwelt außen vor lässt, führt zu Klimaveränderungen, die immer weniger tolerierbar sind: auf Grund der Zerstörung der Lebensgrundlage vieler Menschen, wenn nicht in Europa, so doch in anderen Teilen der Welt. Diese Klimaveränderungen haben z. B. den Menschen in Indien schon 2007 eine so große Flut- und Umweltkatastrophe beschert, dass 12 Mio. Menschen allein im indischen Staat Bihar obdachlos wurden (Shiva 2009: 28f). Bihar liegt im Nordosten Indiens am Fuße des Himalayas und nahe zu Bangladesch.

Auf dem Weltklimagipfel in Cancún im Jahr 2010 wurde beschrieben, was passiert, wenn die Erwärmung der Erde um 3° Celsius und mehr bis zum Jahr 2100 ansteigt. Die globale Mitteltemperatur läge dann bei 18° Celsius.

Tab. 14 CO_2-Emissionen in Tonnen pro Einwohner und Jahr in ausgewählten Ländern

Land	2008
Deutschland	9,8
Frankreich	5,7
Spanien	7,0
Italien	7,2
Russland	11,2
UK	8,3
Ägypten	2,1
Südafrika	6,9
Kanada	16,5
USA	18,4
Kuwait	25,5

Quelle: St. Jb. 2011: 703ff.

Land	2008
Ver. Arab. Emir.	32,8
Katar	42,1
Saudi Arabien	15,8
Bahrain	29,1
Australien	18,5
China	4,9
Indien	1,3
Südkorea	10,3
Japan	9,0
Brasilien	1,9
Argentinien	4,4
Welt	**4,4**

Das wären 4° Celsius mehr als vor dem Beginn der Industrialisierung. Damit verbunden wäre ein Anstieg des Meeresspiegels um 0,5 bis 2 Meter. Dadurch müssten in Asien in den dichtbesiedelten Küstenregionen 50 bis 125 Mio. Menschen umgesiedelt werden. Die Sommer würden in Südeuropa, einschließlich Süddeutschland, um mindestens 6° Celsius wärmer werden als heute. In Europa ginge das Trinkwasser um ein Drittel zurück, in Spanien um zwei Drittel und in Brasilien um 80 %. In vielen Regionen käme es vermehrt zu Dürren. Im südlichen Afrika würde jede zweite Ernte ausfallen. Weltweit müssten bis zu 1 Mrd. Menschen ihre Heimat verlassen und bis zu 3 Mrd. würden den Zugang zu sauberem Trinkwasser verlieren (Fischer Weltalmanach 2011: 712f).

Die Konzentration des zweitwichtigsten Klimagases, Methan, steigt nach einer Pause von ca. 10 Jahren seit 2007 wieder an. Sie liegt bei 1790 ppb (parts per billion, Milliardenster Teil). Das sind zweieinhalb bis vier Mal soviel wie vor der Industrialisierung. Damals lag der Wert bei ca. 400 bis 700 ppb. Diesen Wert haben Eiskernbohrungen ergeben (Fischer Weltalmanach 2011: 711). Mögliche Ursache ist ein beginnendes Auftauen des Permafrostbodens.

Die Kulmination von Effekten der Erderwärmung führt immer mehr zu Engpässen, die kaum noch beherrschbar sind. Um das Klimaziel von Cancún zu erreichen, der Beschränkung des Anstiegs der Temperaturen auf 2° Celsius bis Ende 2100, müsste die CO_2-Konzentration in der Luft auf 445 bis 535 ppm (parts per Million) beschränkt werden. Um dies zu erreichen dürfte die gesamte weltweite CO_2-Emission im Zeitraum von 2000 bis 2050 nicht höher als 1.000 Mrd. t CO_2 ausfallen. Etwa ein Drittel dieser Menge ist aber schon in dem Zeitraum von 2000 bis 2010 emittiert worden (Fischer Weltalmanach 2011: 713).

Das Meereis der Arktis ist heute nur noch halb so dick wie vor 50 Jahren. Die arktische Eisfläche ging in den letzten Jahren unerwartet schnell zurück. So hat man im Jahr 2010 am Ende des arktischen Sommers nur noch eine Eisfläche von 4,6 Mio. km^2 gemessen, der drittniedrigste je gemessene Wert (2007: 4,13 Mio. km^2; 2009: 5,1 Mio. km^2). Das sind rund 30 % weniger als im Mittel in den Jahren von 1979 bis 2000 gemessen worden sind mit 6,74 Mio. km^2 (Fischer Weltalmanach 2011: 712).

Die so genannten Kipp-Elemente („tipping elements") des Klimasystems kommen hinzu. Dies sind Elemente, die zusätzlich eintreten, wenn der Temperaturanstieg bis zum Ende des Jahrhunderts bei 3° Celsius und höher liegt. Falls das eintritt, steigen die Temperaturen weiter, denn jetzt werden diese Kipp-Elemente wirksam.

Systematisch erfasst werden die Kipp-Elemente vom Potsdamer Institut für Klimaforschung und von der Universität of East-Anglia (UK) (Fischer Weltalmanach 2010: 712; Fischer Weltalmanach 2011: 709ff). Diese sind:
- Ein beschleunigtes Abschmelzen des arktischen Eises, der Gletscher der Erde sowie des Grönland-Gletschers mit starkem Anstieg des Meeresspiegels. Allein beim Abschmelzen der grönländischen Gletscher steigt der Meeresspiegel um 7 m. Zudem wird weniger Sonnenlicht reflektiert, was zu einer weiteren Erwärmung führt.

- Die Eismassen der Westantarktis könnten bei einer Temperatur-Erhöhung von 5° bis 8° Celsius in nur drei Jahrhunderten abschmelzen und den Meeresspiegel um 5 m ansteigen lassen. Der Verlust der gesamten antarktischen Eismassen würde zu einer Erhöhung des Meeresspiegels um 45 m führen.
- Große Flächen der borealen Wälder in nördlichen Breiten könnten bei einem Anstieg über 3° Celsius in den nächsten 50 Jahren absterben und die CO_2-Konzentration weiter erhöhen.
- Bei einer Erhöhung der Temperatur um 3° bis 4° Celsius könnte der Amazonas-Regenwald in 50 Jahren großflächig absterben. Auch dies würde die CO_2-Konzentration weiter erhöhen.
- Der Westafrikanische Monsumregen versorgt Westafrika und die Sahelzone mit Trinkwasser. Bei der Erwärmung um über drei Grad könnte er ausbleiben, was zu großer Trockenheit in diesen Gebieten führen würde.
- Auch der indische Monsumregen könnte unberechenbarer und unregelmäßiger werden. Dies könnte zu Dürre-Perioden oder zu Überflutungen führen.

Hinzu kommt das Auftauen des Permafrostbodens in Sibirien, der große Mengen an Methangas gespeichert hat. Bei zunehmender Erwärmung wird der Permafrostboden auftauen und das Methangas wieder an die Erdatmosphäre abgeben.

6.2.2 Die Fluor-Chlor-Kohlenwasserstoffchemie

Fluor und Chlor sind Halogene, also Salzbildner. Zu den fossilen Brennstoffen gehören Erdöl, Erdgas und Braun- und Steinkohle, sie alle sind Kohlenwasserstoffe, denn auch Kohle enthält Wasserstoff, Braunkohle enthält sogar bis zu 50 % Wasser.

Die fossilen Brennstoffe werden nicht nur zur Energiegewinnung eingesetzt, sondern auch zur Herstellung vieler unserer heutigen Alltagsprodukte. Etwa 60 % des Umsatzes der chemischen Industrie hängen von der Chlor-Chemie ab (Riedel, Janiak 2011: 407). Allein im Arzneimittelbereich wurden 1995 in Deutschland 85 % aller Arzneimittel mit Hilfe von Chlor hergestellt (www.wikipedia.de). Chlor „versalzt" in der Medizin Keime und Bakterien und tötet diese ab, daher seine desinfizierende Wirkung. In der Medizin wird Chlor vielfach eingesetzt: als Wundheilmittel, zur Fiebersenkung, als Rheumamittel, als Impfstoff und vieles mehr.

Chlor „versalzt" auch Kohlenwasserstoffe zu Kunststoffen. Diese Stoffe kristallisieren mehr oder weniger aus und werden so zu weichen oder harten Kunststoffen oder zu Flüssigkeiten, je nach Verwendungszweck. Auch Pflanzenschutzmittel werden aus Erdgas und Chlor gewonnen. Pflanzen und Insekten „versalzen" dabei ebenfalls und sterben ab. Chlor spielt zusammen mit Fluor in der Kälte-Klimatechnik als Kühlmittel eine überragende Rolle. Da immer mehr Lebensmittel in Kühlcontainern transportiert, Gebäude, Fahrzeuge, Lebensmittel und Getränke gekühlt werden, ist dies ein großer Anwendungsbereich. Es gab im Jahr 2004 etwa 340.000 Super- und Hypermärkte weltweit. Diese haben ein zentrales Kühlsystem, das eine Kältemenge zwischen 100 und 2.000 kg besitzt. Daneben gibt es
33 Mio. Verflüssigungssätze in speziellen Läden sowie 45 Mio. so genannte „steckerfertige Kühlmöbel" mit integrierter Kühlvitrine (Ökorechere 2004).

Chlor ist auch im Einsatz als Löse-, Bleich- oder Reinigungsmittel bei der Papier-, der Textil- oder der Metallherstellung. Im Haushalt ist Chlor vielfach präsent. Häufig wird es nicht direkt verwendet, aber es ist Ausgangs- oder Zwischenprodukt für die Herstellung von Seifen, Waschmitteln, Haushaltsreinigern oder Duschgels. Viele Cremes werden mit Hilfe von Glycerin hergestellt, ebenso wie Sprengstoffe. Glycerin kann mit Hilfe von Chlor hergestellt werden. Heute gibt es die Möglichkeit, die Abfälle der Biospritproduktion zu verestern und so Glycerin in großen Mengen herzustellen (www.wikipedia.de). Die Weltproduktion von Chlor lag im Jahr 2006 bei 59 Mio. Tonnen. In Deutschland wurden 2005 etwa 5,1 Mio. Tonnen Chlor hergestellt (Blecker 2010).

Bei der Fluor-Chlor-Kohlenwasserstoff-Chemie gibt es oft längere Prozessketten und viele Zwischenprodukte. Häufig kommt Fluor im Endprodukt nicht mehr vor. Bei allen diesen chemischen Prozessen entstehen immer auch Emissionen von Fluor-Chlor-Kohlenwasserstoffen (FCKWs). Es gibt die verschiedenen Mischprodukte: mit Chlor (FCKW) und ohne Chlor (FKW), ohne Chlor, aber mit Wasserstoff (H-FKW) und viele andere Kombinationen mehr. Allgemein spricht man von den F-Gasen und unterteilt sie in chlorhaltige und chlorfreie F-Gase. Bei den chemischen Reaktionen und bei der Gewinnung von Chlor entstehen neben den F-Gasen aber auch noch andere Neben- bzw. Abfallprodukte wie Dioxine, Quecksilber und Amalgam. Amalgam ist die Verbindung von Natrium und Quecksilber, die bei der Gewinnung von Chlor mit Hilfe der Elektrolyse anfällt, wobei Quecksilber und Graphit als Kathode bzw. Anode eingesetzt werden.

Da weit über die Hälfte der chemischen Produkte direkt oder indirekt auf der Fluor-Chlor-Kohlenwasserstoff-Chemie basieren, war man relativ hilflos im Umgang mit den Nebenprodukten, sowohl in Bezug auf die F-Gase als auch in Bezug auf den Umgang mit Quecksilber (Ernst, Weiss u. a. 1988) und mit Dioxin. Zu oft hat man sie einfach irgendwie in der Umwelt entsorgt, nach Afrika exportiert oder irgendwelchen Anwendungsbereichen zugeführt. So hat man z. B. früher Amalgam als Plomben in Zähne eingesetzt.

6.2.3 Die Treibhausgase und das Ozonloch

Der Umgang mit Kohlenwasserstoffen, Fluor und Chlor verursacht Treibhausgase und Gase, die die Ozonschicht der Erde zerstören. Beide Vorgänge führen zur Erderwärmung und damit zum Klimawandel. Die Zerstörung der Ozonschicht der Erde erfolgt im Wesentlichen durch die chlorhaltigen F-Gase.

Ozon (O_3) ist ein Molekül aus drei Sauerstoff-Atomen und liegt in der Stratosphäre in ca. 20 bis 35 km Höhe in gasförmiger Form vor. Die Ozonschicht gibt es noch immer rund um den Erdball, aber heute ist sie stellenweise dünner geworden. Man spricht von einem Ozonloch wie z. B. dem über Australien, der Arktis und der Antarktis.

Ozon in der Stratosphäre sorgt dafür, dass die energiereichen UV-Strahlen der Sonne wieder in den Weltraum zurückreflektiert werden. Auf der Erde ist Ozon für Menschen giftig. Gelingt es dem Ozon in der Stratosphäre nicht oder nur unzureichend, die energiereiche UV-Strahlung zurückzureflektieren, dann kommt die energiereiche UV-Strahlung ungefiltert auf die Erde durch, was zur Erderwärmung und zum Klimawandel beiträgt (Brockhaus 2011).

Tab. 15 CO_2-Emission von einzelnen Ländern und weltweit in Mio. Tonnen von 1980 bis 2010

Land	1980	1990	2000	2005	2008	2009	2010
Deutschland	1.056	950	827	811	804	799	828
Frankreich	461	352	377	388	368	397	403
Spanien	188	206	284	340	318	347	334
Italien	360	397	426	457	430	434	439
Russland	x	2.179	1.506	1.516	1.594	1.603	1.700
UK	571	549	524	532	510	529	548
Ägypten	42	79	110	152	174	198	209
Südafrika	215	255	299	331	337	430	437
Kanada	427	432	533	559	551	590	605
USA	4.662	4.869	5.698	5.772	5.596	5.904	6.145
Australien	208	260	339	389	398	399	367
China	1.405	2.211	3.038	5.068	6.508	7.547	8.333
Indien	293	591	981	1.156	1.428	1.564	1.708
Südkorea	124	229	421	468	501	660	716
Japan	881	1.064	1.184	1.221	1.151	1.226	1.308
Brasilien	180	194	302	326	365	417	464
Argentinien	96	100	139	151	174	169	175
Welt	**18.071**	**20.965**	**23.497**	**27.129**	**29.381**	**31.339**	**33.158**

Quellen: St. Jb. 2011: 703ff. http://de.wikipedia.org/wiki/Liste_der_größten_Kohlenstoffdioxidemittenten.
Hinweis: Für 2009, 2010 wurde auf wikipedia zurückgegriffen, deren Werte häufig aktualisiert werden.

Beim Treibhauseffekt ist es genau umgekehrt. Die Treibhausgase sammeln sich in der Erdatmosphäre und reflektieren die Wärme- oder Infrarotstrahlung der Erde wieder auf die Erde zurück, ähnlich wie in einem Treibhaus. Bei einem Treibhaus kommen die UV-Strahlen der Sonne zwar durch das Glas hindurch, aber sie kommen nicht wieder heraus, denn beim Auftreffen der UV-Strahlung auf die Erde werden diese in Infrarotstrahlen umgewandelt. Die Infrarotstrahlen können nicht wieder durch das Glas hinausgelangen, sondern werden auf die Erde und auf die Pflanzen im Treibhaus zurückreflektiert. Dieser Vorgang führt zu einer gesteigerten Erwärmung innerhalb des Treibhauses. Dasselbe passiert bei den Treibhausgasen in der Atmosphäre.

Seit der Industrialisierung ab etwa 1850, in England teilweise schon 80 bis 100 Jahre früher, erhöht sich die Emission des Treibhausgases CO_2 durch die Verwendung von fossilen Brennstoffen. Im Jahr 1850 lag die Emission von CO_2 geschätzt bei etwa 0,35 Mrd. Tonnen, heute bei etwa 34 Mrd. Tonnen im Jahr 2009 (Fischer Weltalmanach 2011: 710). Trotz Kyoto-Protokoll (1997) ist der CO_2-Ausstoß im Vergleich zum Jahr 1980 deutlich angestiegen.

Ein „weiter so" wird unweigerlich zu vielen ökologischen, ökonomischen und sozialen Schwierigkeiten führen. Problematisch ist neben der Emission von CO_2 durch das Verbrennen von fossilen Brennstoffen auch die Emission von CO_2-äquivalenten Stoffen: Methan (CH_4), Lachgas (N_2O), perfluorierter und teilhalogenierter Kohlenwasserstoffe (FKW u. H-FKW, die chlorfreien F-Gase) sowie Schwefelhexafluorid (SF_6).

Tab. 16 Jährlich von Menschen verursachte Emissionen aller Treibhausgase in CO_2-Äquivalenten

Jahr	in Mrd. t/Jahr
1970	28,7
1980	35,6
1990	39,4
2000	44,7
2004	49,0

Quelle: IPCC 2007: 36.

Die Emission dieser Stoffe ist zwar wesentlich geringer als die von CO_2, aber ihr Treibhauspotential liegt deutlich darüber. So hat z. B. Methan ein 25 Mal so starkes Treibhauspotenzial. Fluorhaltige Treibhausgase können ein tausendfach so hohes Treibhausgaspotenzial haben wie CO_2. Der Weltklimarat schätzt, dass im Jahr 2004 der Wert für das CO_2-Äquivalent bei 49 Mrd. Tonnen lag (Fischer Weltalmanach 2011: 710). Der normale CO_2-Wert lag bei 27 Mrd. Tonnen (St. Jb. 2011: 73ff).

Tab. 17 Anteil der von Menschen verursachten Treibhausgase an der Gesamtemission in CO_2-Äquivalenten, in Prozent

	2004
F-Gase	1,1
N_2O	7,9
CH_4	14,3
CO_2 (Entwaldung, Zersetzung von Biomasse etc.)	17,3
CO_2 (andere)	2,8
CO_2 (fossile Brennstoffe)	56,6

Quelle: IPCC 2007: 36.

Das Treibhausgas Methan (CH_4) fällt u. a. bei der Viehhaltung, beim Reisanbau, aber auch bei der Erdölgewinnung an. Lachgas (N_2O) entsteht beim Abbau von mineralischem Stickstoff-Dünger. Teilhalogenierte Kohlenwasserstoffe (H-FKW) sind Kohlenwasserstoffe, die mit Fluor versetzt worden sind und die noch Wasserstoffatome enthalten. Sie werden u. a. zur Herstellung von Kühlmitteln oder für Kunststoffe wie Teflon verwendet. Perfluorierte Kohlenwasserstoffe (FKW; auch als „PFC" bezeichnet) sind Kohlenwasserstoffe, die mit Fluor versetzt worden sind und keine Wasserstoffatome mehr enthalten. Sie werden u. a. als Kühl- und Isoliermittel bei Transformatoren und auch in der Medizin eingesetzt, wie z. B. in der Augenheilkunde und zur Beatmung. Zudem wird Fluor bei der Kernspaltung verwendet (www.wikipedia.de).

Tab. 18 Anteile der verschiedenen Sektoren an den von Menschen verursachten Treibhausgas-Emissionen in CO_2-Äquivalenten, in Prozent

	2004
Abfälle und Abwässer	2,8
Forstwirtschaft	17,4
Landwirtschaft	13,5
Industrie	19,4
Wohn- und Wirtschaftsgebäude	7,9
Transport	13,1
Energieverbrauch	25,9

Quelle: IPCC 2007: 36.

Schwefelhexafluorid (SF_6), das letzte der oben erwähnten Treibhausgase, ist ein Kühl- und Isoliermittel. Es wird gasförmig als Isolator für Schaltungen in der Stromindustrie eingesetzt oder auch als Ätzgas in der Halbleiterindustrie (www.wikipedia.de). Mit einer Jahresproduktion von 150 Mio. Tonnen steht die Schwefelsäure (H_2SO_4) heute an erster Stelle bei der weltweiten Chemieproduktion. In Deutschland werden fast 5 Mio. Tonnen jährlich produziert (Blecker 2010: 126).

Seit dem Ende der 1980er Jahr hat man versucht, eine Reduktion der chlorhaltigen F-Gase zu erzielen, die die Zerstörung der Ozonschicht bewirken (Montreal-Protokoll von 1987, Kyoto-Protokoll von 1997). Das hat dazu geführt, chlorhaltige F-Gase durch chlorfreie zu ersetzen. So hat man zwar den Abbau der Ozonschicht verringert, aber dafür den Treibhausgas-Effekt erhöht, denn chlorfreie F-Gase wirken als Treibhausgase, wenn sie auch nicht mehr die Ozonschicht angreifen. Das hat man damals noch nicht gewusst. Auch gewährt das Montreal-Protokoll lange Ausnahmezeiten für Entwicklungsländer. In Artikel 5 Absatz 8 wird geregelt, dass für einige chlorhaltige F-Gase Ausnahmeregelungen bis in das Jahr 2040 gelten (Randelzhofer 2010: 492, 500), wobei im Anhang etwa 20 chlorhaltige F-Gase aufgeführt werden. Viele Chemiefirmen aus den Industrieländern haben deshalb in Entwicklungsländern eine Zweigniederlassung errichtet. Im Jahr 2004 waren chlorhaltige F-Gase weltweit erst zu 30 % durch chlorfreie F-Gase ersetzt worden. Heute werden chlorhaltige F-Gase in den Entwicklungs- und vorwiegend chlorfreie F-Gase in den Industrieländern produziert (Ökorecherche 2004).

Der letzte Abschlussbericht des *International Panel of Climate Change (IPCC)* macht nähere Angaben zu den Treibhausgasen, zu ihrer Menge und Zusammensetzung sowie zu ihrer Herkunft. Dieser Bericht stammt aus dem Jahr 2007 und die Zahlen beziehen sich auf das Jahr 2004. Der nächste Bericht des *IPCC* wird 2013 erwartet. Das *IPCC* war 1988 von den Vereinten Nationen und der Weltorganisation für Meterorologie ins Leben gerufen worden.

Die Umstellung von einer Fluor-Chlor-Kohlenwasserstoff-Chemie auf eine Chemie, die weniger Giftstoffe als Nebenprodukte aufweist, ist noch nicht erfolgt. Hier sind dringend neue Forschungen zu betreiben. Die vorhandenen Ansätze zum Beispiel von dem deutschen Chemiker Michael Braungart (*1958) sind verstärkt in die Tat umzusetzen, um weniger

Giftstoffe in das Kreislaufsystem der Wirtschaft zu bringen bzw. bei der bisherigen Herstellung chemischer Produkte weniger giftige Abfälle und Emissionen zu erzeugen.

6.2.4 Der saure Regen, das Waldsterben und die Versauerung der Meere

Schwefel- und Salpetersäure führen zu saurem Regen. Sie lösen sich in Wasser und verringern so den pH-Wert des Wassers, was bedeutet, dass der Säuregehalt des Wassers steigt. Das wiederum erhöht die Löslichkeit von Schwermetall-Ionen in Wasser. Die erhöhte Konzentration von Schwermetall-Ionen in Seen, Flüssen, Meeren oder auch im Grundwasser kann toxisch auf Pflanzen und Tiere wirken. Das Waldsterben wird u. a. darauf zurückgeführt. Auch das Absterben der Korallenriffe hat viel mit einem geringeren pH-Wert des Meerwassers und dem Anstieg der Wassertemperatur durch die Erderwärmung zu tun. Korallen gelten als die Regenwälder der Meere, weil hier viele verschiedene Fischarten leben bzw. laichen. Nicht nur die Produktion von Schwefel- und Salpetersäure führt zu saurem Regen und damit auch zu einem stärkeren Säuregehalt des Meerwassers, sondern auch die erhöhte CO_2-Produktion durch die gesteigerte Nutzung von fossilen Brennstoffen. Das Treibhausgas CO_2 löst sich im Meerwasser und bildet Kohlensäure, welche ihren Teil zur Versauerung der Weltmeere beiträgt. Nicht Wälder sind die größten Speicher von CO_2, sondern die Weltmeere (www.wikipedia.de).

Mit Hilfe von Schwefelsäure werden heute u. a. auch Düngemittel wie Phosphat- und Ammoniakdünger in großen Mengen hergestellt. Man benötigt sie auch zum Aufschluss in der Papier- sowie in der Metallindustrie, im Akkumulator des Autos, bei der Erzeugung von Tensiden für Waschmittel sowie mit Hilfe von Salpetersäure bei der Erzeugung von Sprengstoffen. Bei der Erzeugung von Farbstoffen fällt Schwefelsäure als Abfallprodukt an (www.wikipedia.de).

Stickstoff (N) ist zwar zu knapp 80 % in der Luft enthalten, aber damit konnten die Chemiker lange Zeit nicht viel anfangen. Im 19. Jahrhundert konnte man Stickstoff nur aus Salpeter gewinnen. Salpeter ist das Salz der Salpetersäure (HNO_3). Der Chile-Salpeter war jahrhundertelang fast die einzige Quelle zur Herstellung von Salpetersäure. Die Salpetersäure war im 19. Jahrhundert einer der wichtigsten Ausgangsstoffe der Chemie. Man benötigte sie zur Herstellung von Düngemitteln, aber auch zur Herstellung von Sprengstoffen. Als Anilinfarbe war sie Ausgangsstoff für die Farbenindustrie (dtv-lexikon 1997). Erst zu Beginn des 20. Jahrhunderts gelang es, den Luftstickstoff zu binden und ihn als Ammoniak (NH_3) zu gewinnen.

6.3 Die Landwirtschaft als zentrales Konfliktfeld zwischen Nord und Süd

Im Focus der Betrachtungen zur Einführung eines globalen Rechtsrahmens steht die Landwirtschaft. Denn hier stoßen global gesehen die rechtlichen, finanziellen, technischen, wirtschaftlichen, militärischen, politischen und kulturellen Konfliktlinien zwischen der Lebensauffassung des Westens und der Lebensauffassung der übrigen Welt aufeinander. Es mag auf den ersten Blick überraschen, dass gerade die Landwirtschaft mit globalen Rechtsfragen in Verbindung gebracht wird. Aber was hat mehr mit Rechtsfragen zu tun als der Besitz an Boden und damit das Recht zu bleiben, zu fischen und zu jagen; Nahrungsmittel anzubauen oder die vorhandenen Bodenschätze abzubauen? Was hat mehr mit Rechtsfragen zu tun, als der Besitz und das volle Verfügungsrecht über das ausgebrachte Saatgut und damit das Recht auf den Transport und die Lagerung der Ernte? Was hat mehr mit Rechtsfragen zu tun als der Besitz und das volle Verfügungsrecht über das Wasser der Flüsse, über das Grundwasser und über das Wasser der Quellen innerhalb eines bestimmten Gebietes?

Vielfach sind die Firmen, die Pestizide, das gentechnisch veränderte Saatgut und Düngemittel herstellen, in einer Hand. Hauptakteur ist hier die Firma Monsanto aus Sankt Louis am Mississippi. Der Einfluss dieser Firma ist groß: Im Jahr 2008 lieferte sie fast 90 % des globalen gentechnisch veränderten Saatguthandels (Putzer 2010: 65). Sie hat auch sonst starken Einfluss, denn die Herstellung von Düngemitteln und Sprengstoff ist chemisch eng miteinander verbunden. Auch die Firmen, die Sprengstoffe und damit militärische Waffen herstellen, gehören zu diesem Firmenkonglomerat. Nicht nur wenn es um Landbesitz, Wasser, Öl und Bodenschätze geht ist also die Verbindung zwischen Landwirtschaft und dem Militär eng, sondern auch im Bereich der chemischen Verbindungen.

Die Verbindungen dieses Firmenkonglomerats in die Politik sind bemerkenswert. Monsanto beeinflusst in den USA die Ernennung von Ministern: in der Justiz, dem Gesundheitswesen, der Agrarwirtschaft. Auch haben sie die verschiedenen Verbraucherschutz-, Umwelt- und Gesundheitsministerien fest im Griff (Robin 2009).

Zehn westliche Konzerne kontrollierten 1998 etwa 30 % des auf 23 Milliarden US-Dollar geschätzten Weltsaatgutmarktes sowie 100 % des Marktes für gentechnisch verändertes Saatgut. Sie kontrollieren auch den Weltmarkt für Pestizide und andere agrochemische Produkte.

Den Weltgetreidehandel beherrschen nur fünf Konzerne, an der Spitze *Cargill, Archer Daniels Midland* (ADM) und *Continental*. ADM gehören in den USA z. B. 800 Lkws, 1.900 Binnenschiffe und 130.000 Eisenbahnwaggons (Shiva 2004: 118). Cargill und Monsanto waren aktiv beteiligt an der Ausgestaltung des internationalen Handelsabkommens (GATT) und an der Gründung der Welthandelsorganisation (WTO) in Genf 1995.

Diese Firmen kontrollieren monopolartig die Agrarerzeugung in Europa und den USA. Oft führen Handelsabkommen wie das Nordamerikanische Freihandelsabkommens (NAFTA) zur Öffnung lokaler Märkte und zur Überschwemmung dieser lokalen Märkte mit Agrarerzeugnissen aus den USA und Europa. Dies hatte oft fatale Folgen. So wurde zum Beispiel Mexiko als NAFTA-Mitglied mit Mais aus den USA überschwemmt. Der Anteil an Importmais stieg von 1992 bis 1996 von 20 auf 43 %. Nur 18 Monate nach der Unterzeichnung des NAFTA-Abkommens hatten 2,2 Mio. Mexikaner ihre Arbeit verloren und 40 Mio. waren in äußerste Armut abgeglitten. Jeder zweite Bauer hatte nicht mehr genug zu essen (Shiva 2004: 20f).

Auch der Anstieg der Nachfrage nach Mais zur Produktion von Biosprit in den USA ließ Anfang 2007 den Marktpreis für Mais in Mexiko ansteigen: von 5 auf 15 Peso für ein Kilogramm Mais. Für die Armen ist das eine Überlebensfrage, da Maisfladen zu fast jeder Mahlzeit gegessen werden (Bommert 2009: 24f).

Die westliche Welt setzt auf eine kapitalintensive großtechnische Landwirtschaft; Länder in Mittel- und Südamerika, Asien und Afrika setzen vielfach auf eine kleinbäuerliche Subsistenzwirtschaft. Hier kommt es zu zahlreichen Konflikten. Anders als bekannt, ist die globalisierte Landwirtschaft äußerst kapital- und energieintensiv. Alle oben genannten Schwierigkeiten zur Etablierung eines globalen Rechtssystems finden sich in der einen oder in der anderen Form im Streit zwischen einer kleinbäuerlichen Subsistenzwirtschaft und einer großbäuerlichen, kapitalintensiven Landwirtschaft wieder.

So stoßen kleinbäuerliche Strukturen auf großbäuerliche Strukturen, Subsistenzwirtschaft auf globale Kapitalwirtschaft, lokale Wirtschaftssysteme auf globale wirtschaftlich-technische Systeme, westliche Rechtsvorstellungen auf Stammesvorstellungen, dörfliche Strukturen auf urbane Strukturen, gemeinschaftliche Strukturen auf globale Institutionen wie die UNO, den IWF, die Weltbank und die Welthandelsorganisation (WTO) und lokale Energieträger wie Dung, Brennholz oder Torf auf die globale Energiewirtschaft.

Es gibt viele Widersprüche im Verhalten des Westens gerade im Umgang mit kleinbäuerlichen Strukturen. Mit Hilfe des Rechts, der UNO, der Weltbank, dem Internationalen Währungsfonds (IWF) und der Welthandelsorganisation (WTO) versucht der Westen, seine kapitalintensiven großbäuerlichen Strukturen und großen technischen Systeme weltweit durchzusetzen und damit seine wirtschaftlichen und finanziellen Interessen.

In Stammesgesellschaften zählen andere Regeln. Hier gilt das Überleben von Tag zu Tag. Ein abstraktes Rechtssystem widerspricht den Lebenserfahrungen dieser Menschen. Viele Stammesgesellschaften sind noch Nomadenvölker. Hier ist ein abstraktes Rechtssystem einfach unvorstellbar. Auch in kleinbäuerlichen Strukturen ist man häufig auf die Hilfe des Nachbarn oder der gesamten Dorfgemeinschaft angewiesen. Hier greifen abstrakte Rechtsstrukturen nur schwer. Zudem nimmt der Westen häufig wenig Rücksicht auf das Wohl der Kleinbauern und auf die Natur, wenn er seine Kapitalinteressen durchsetzen will. Die Kleinbauern in fremden Ländern nehmen den Westen als macht- und geldgierige wahr, der sich obendrein noch sein Ausbeutungsverhalten rechtlich sanktionieren lässt von als unabhängig geltenden Institutionen wie der UNO, der Weltbank, dem IWF oder der WTO. Und zudem sehen diese Menschen ihre einheimischen Regierungen als ohnmächtig gegenüber dem kapitalmächtigen Westen an. All dies erschwert die Einführung eines globalen Rechtssystems.

Die westliche Welt hat sich im Laufe der letzten 50 Jahre mit ihrem Rechts-, Finanz-, Wirtschafts- und Technologiesystem über die übrige Welt und über die Natur gestellt. Im Namen von Recht, Freiheit und Fortschritt wurden systematisch bäuerliche, lokale und regionale Strukturen in den übrigen Ländern der Welt zerschlagen und ganze Landstriche zerstört. Ziel war die Ablösung einer bäuerlich, lokal und regional geprägten Subsistenzwirtschaft durch die Einführung einer kapitalintensiven Produktionsweise mit modernen Maschinen, einer energieintensiven Bewässerung und dem massiven Einsatz von energieintensiven Düngemitteln und Pestiziden.

6.4 Der globale Ressourcenverbrauch

Das Umweltbewusstsein ist zwar gewachsen, gleichwohl verbrauchen wir noch immer mehr Ressourcen pro Jahr, als uns die Erde innerhalb eines Jahres zur Verfügung stellen kann. Der Ressourcenverbrauch, insbesondere der Verbrauch von fossilen Brennstoffen, ist so stark angestiegen in den letzten Jahrzehnten, dass von Nachhaltigkeit keine Rede sein kann. Im Moment verbrauchen wir quasi 1,5 Erden pro Jahr. Wenn wir so weitermachen, werden es bald zwei Erden sein, denn die vorhandenen Ressourcen für ein ganzes Jahr werden dann schon Mitte des Jahres aufgebraucht sein.

Insbesondere der CO_2-Ausstoß belastet das ökologische Gleichgewicht der Erde stark. Der ökologische Fußabdruck für Staaten ist ein Hinweis darauf, wie viel Ressourcen ein Land verbraucht und wie viele es eigentlich zur Verfügung hat. Hierbei spielen der Energieverbrauch, der CO_2-Ausstoß, die Produktion, der Import, der Export, die Größe des Landes sowie die vorhandenen Acker-, Weide- und Waldflächen und die Einwohnerzahlen eine Rolle.

Tab. 19 Bioproduktive Fläche und Flächenverbrauch in Mrd. ha und in ha pro Kopf im Jahr 2007

	Bioproduktive Fläche in Mrd. ha	Flächenverbrauch in Mrd. ha	Bioproduktive Fläche in ha pro Kopf	Flächenverbrauch in ha pro Kopf
Europa (darunter)	**2,11**	**3,42**	**2,89**	**4,68**
Deutschland	0,16	0,42	1,92	5,08
Frankreich	0,19	0,31	3,00	5,01
Italien	0,07	0,30	1,14	4,99
Russland	0,82	0,63	5,75	4,41
Spanien	0,07	0,24	1,61	5,42
Vereinigtes Königreich	0,08	0,30	1,34	4,89
Mittel- u. Südamerika (darunter)	**3,11**	**1,47**	**5,47**	**2,58**
Argentinien	0,30	0,10	7,50	2,60
Brasilien	1,71	0,55	8,98	2,91
Mexiko	0,16	0,32	1,47	3,00
Nordamerika (darunter)	**1,69**	**2,70**	**4,93**	**7,90**
Kanada	0,49	0,23	14,92	7,01
USA	1,19	2,47	3,87	8,00
Afrika (darunter)	**1,42**	**1,36**	**1,48**	**1,41**
Algerien	0,02	0,05	0,59	1,59
Ägypten	0,05	0,13	0,62	1,66
Niger	0,03	0,03	2,09	2,35
Südafrika	0,06	0,11	1,14	2,32
Asien (darunter)	**3,30**	**7,20**	**0,82**	**1,78**
China	1,30	3,00	0,98	2,21
Indien	0,60	1,10	0,51	0,91
Indonesien	0,30	0,30	1,35	1,21
Japan	0,08	0,60	0,60	4,73
Katar	0,002	0,01	2,51	10,51
Südkorea	0,02	0,23	0,33	4,87
Türkei	0,10	0,20	1,32	2,70
Vereinigte Arabische Emirate	0,005	0,07	0,85	10,68
Ozeanien (darunter)	**0,38**	**0,19**	**11,15**	**5,39**
Australien	0,30	0,14	14,71	6,84
Welt	**11,90**	**18,00**	**1,78**	**2,70**

Quellen: Global Footprint Network 2010: 40-82. dtv-lexikon 1997. Zahlen wurden nach Größenordnungen entsprechend gerundet.

Die Erdoberfläche weist 51 Mrd. ha auf. Die Wasserfläche beträgt 36,1 Mrd. ha (70,8 %) und die Landfläche der Erde umfasst insgesamt 14,9 Mrd. ha (29,2 %; dtv-lexikon 1997). Zieht man die Wüsten, Eiswüsten, inländischen Gewässer usw. ab, dann verbleiben 11,9 Mrd. ha an bioproduktiver Fläche. Da es im Jahr 2007 etwa 6,7 Mrd. Menschen auf der Erde gab, folgt daraus, dass im Jahr 2007 jedem Menschen im Durchschnitt knapp 1,8 ha Land zur Verfügung standen. Diese 1,8 ha Landfläche müssen ausreichen, um jedem einzelnen Menschen auf der Welt zu ernähren, ihn mit Kleidung zu versorgen und ihm Energie, Wohnraum, Mobilität, Gesundheit, Bildung usw. zur Verfügung zu stellen. Schaut man sich die Tabelle an, dann fällt auf, dass in den hochindustrialisierten Ländern in Europa und Nordamerika der Flächenverbrauch in ha pro Kopf über dem Wert von 1,8 liegt. So verbrauchen die Franzosen pro Kopf 5 ha an Fläche, die Amerikaner 8, die Australier knapp 7 und die Mexikaner und Brasilianer im Durschnitt etwa 3 ha. Als eines der wenigen Länder weist Indien mit 0,9 ha Flächenverbrauch pro Kopf einen Wert unter 1,0 auf, ähnlich wie zahlreiche Länder in Afrika. China liegt mit 2,2 ha Flächenverbrauch pro Kopf schon über dem Durchschnittswert von 1,8 ha. Den höchsten Wert weisen die Golfstaaten auf. So hat Katar z. B. 10,5 ha und die Vereinigten Arabischen Emirate haben 10,7 ha Flächenverbrauch pro Kopf (Global Footprint Network 2010: 50).

Liegen die Werte über 1,8 ha Flächenverbrauch pro Kopf, dann werden mehr Ressourcen verbraucht, als eigentlich zur Verfügung stehen. Dies betrifft vor allem den Energieverbrauch dieser Länder, aber auch den Fleischkonsum. Es mag überraschen, aber der meiste Energieverbrauch entsteht bei der Produktion von Fleisch. Die Zahlen zeigen also auch an, wie hoch der Fleischverbrauch in einzelnen Ländern ist. Wer Energiesparen möchte, der sollte seinen Fleischkonsum einschränken. Denn zur Herstellung von 1 kg Rindfleisch benötigt man bei vorsichtiger Schätzung in etwa 8 Liter Treibstoff. Deutschland stellte im Jahr 2008 etwa 1,2 Mio. t Rindfleisch her und 5, 1 Mio. t Schweinefleisch sowie 1,2 Mio. t Geflügelfleisch (Reichholf 2011: 117ff). Allein für die Rindfleischproduktion wurden also knapp 10 Mrd. Liter Treibstoff verbraucht. Setzt man einen ähnlichen Wert für die Fleischproduktion insgesamt an, dann ergeben 7,5 Mio. t Fleischerzeugung im Jahr 2008 in etwa 60 Mrd. Liter Treibstoff. Bei einem Verbrauch von 7 Litern auf 100 km und einer jährlichen Fahrleistung von 15.000 km verbraucht ein Pkw etwa 1.000 Liter Treibstoff pro Jahr. 41 Mio. Pkw gab es im Jahr 2008 in Deutschland (St. Jb. 2011: 422). Das entspräche in etwa einem Verbrauch an

Treibstoff von 41 Mrd. Tonnen. Damit liegt die Fleischerzeugung in der Größenordnung des Treibstoffverbrauchs, den der Bestand an Pkw in Deutschland jährlich verfährt (Reichholf 2011: 118).

Weltweit gibt es inzwischen ca. 1,5 Mrd. Rinder. Damit ist die Biomasse der Rinder größer als die der Menschen, denn ein Rind wiegt etwa 600 bis 700 kg (dtv-lexikon 1997). Die Rinder werden also zu direkten Nahrungskonkurrenten des Menschen. Ein Hektar bioproduktives Land kann mit Reis 16 Menschen ernähren, mit Kartoffeln 14 und mit Weizen 11 Menschen. Aber mit dem Anbau von Futtermitteln kann es nur noch 2 Menschen und als Grünland zur Rinderweide 0,5 Menschen ernähren (Putzer 2009: 120). Weltweit werden 40 % der Getreideernte zur Fleischproduktion verfüttert, in den USA sind es sogar 70 % (Shiva 2004: 97). Zur Herstellung von 1 kg Hühnerfleisch benötigt man 2 kg Getreide, für 1 kg Schweinefleisch 4 kg und für ein 1kg Rindfleisch 8 kg (Shiva 2004: 85).

Die alternative Landwirtschaft oder ökologische Landwirtschaft mit ihren verschiedenen Ansätzen wie biologisch-dynamisch von „Demeter" oder biologisch-organisch von „Bioland" und „Naturland" kommen in der Regel mit einer geringeren bis gar keiner Fleischproduktion aus. Es werden keine mineralischen Düngemittel verwendet. Es kommen keine Pestizide oder andere chemische Stoffe zum Einsatz. Die Bauern müssen auch nicht viele Traktorfahrten machen, um diese Mittel auf die Felder auszubringen. Zudem gibt es Vorschriften, wie viele Tiere gehalten werden dürfen. Bei der Fleischproduktion darf kein Futter in riesigen Mengen zugekauft werden und schon gar nicht aus Übersee, denn es wird darauf geachtet, dass die regionale Produktion gefördert wird, damit der Energieverbrauch möglichst gering bleibt. Die Anzahl der Tiere, welche gehalten werden darf, wird begrenzt durch die Fläche, welche dem Bauernhof zur Verfügung steht. So entsteht keine Überproduktion an Gülle, die man nicht mehr ausbringen kann auf die Felder, weil der Boden sie einfach auf Grund der Menge nicht mehr aufnimmt. Dies und anderes steht z. B. in den Produktionsrichtlinien von „Naturland" (www.naturland.de).

Bei organischer Düngung statt Mineralstoffdüngung werden die natürlichen Organismen im Boden stärker berücksichtigt: die Pilze, die Algen, die Erdwürmer und andere Mikroorganismen, die Spinnen und die Tausendfüßler. Organisch gedüngter Boden enthält pro Hektar etwa 1 bis 2 Tonnen Pilze. Auf 1 Gramm Boden kommen 100.000 Algen, die den Stickstoff binden. Und die Erdwürmer sorgen dafür, dass der Boden bis zu 30 % mehr Luft aufnehmen kann. Ihre Exkremente enthalten Kohlenstoff, Stickstoff, Kalzium, Magnesium, Kalium, Natrium und Phosphat. Je Hektar produzieren die Erdwürmer 900 Tonnen Exkremente pro Jahr. Böden mit Erdwürmern lassen das Wasser 4 bis 10 Mal schneller ablaufen und die Wasserrückhaltekapazität ist um 20 % höher. Boden, der mit organischem Dünger versorgt wird, enthält zweimal mehr Erdwürmer als unbehandelter Boden (Shiva 2004: 83f).

Es gibt bei der ökologischen Landwirtschaft auch keine Verwerfungen in der Art, das Pflanzenfresser wie Rinder mit ihren eigenen Artgenossen gefüttert werden und so Krankheiten wie BSE entstehen können (Shiva 2004: 86f). Da kaum zugekaufte Futtermittel an die Tiere verfüttert werden und die Nahrung wesentlich mehr Mineralstoffe enthält, ist die ökologische Landwirtschaft eine sinnvolle Alternative zu der zu sehr ökonomisierten, industrialisierten und technisierten heutigen Agrarindustrie. Anderseits ist die „Ideologie des Biosprits" eine Überhöhung der ökologischen Idee und hat zu vielfältigen Schwierigkeiten in aller Welt geführt. Insbesondere zu Hunger, Armut und Landraub in Mexiko und in Indonesien, zu Brandrodung in Brasilien und zu ansteigenden Preisen für Weizen in den USA auf Grund des wachsenden Maisanbaus, der zur Produktion von Biosprit verwendet wird (Hirn 2009).

Die großen Meeresflächen und die Waldgebiete im Amazonasbecken, in Kanada, Schweden und anderswo sorgen dafür, dass die Erde den energie- und vor allem den CO_2-intensiven Lebensstil der Menschen noch verarbeiten kann. Aber die Menschen sollten die Erde auch nicht überfordern. Der Verbrauch von fossilen Brennstoffen und die Fleischproduktion sind eindeutig zu hoch und müssen reduziert werden. Im Zeitraum von 1960 bis 2007 hat sich die Fleischproduktion weltweit fast verfünffacht: von ca. 60 Mio. t auf 286 Mio. t pro Jahr (Fischer Weltalmanach 1962: 155; Fischer Weltalmanach 2009: 686).

Tab. 20 Weltweite Fleischproduktion in Mio. t

Jahr	Mio. t
1960	ca. 60
1976	126
1990	177
1995	208
2000	235
2007	286

Quellen: Fischer Weltalmanach 1962: 155.
St. Jb. 1980; Internationale Übersichten: 627.
Fischer Weltalmanach 1998: 1051f.
Fischer Weltalmanach 2009: 686.

Die weltweite Anzahl von Rindern, Schweinen und Hühnern hat beständig zugenommen. Das Fleischessen ist in der europäischen Esskultur tief verwurzelt. Viele Gerichte können auf eine jahrhundertealte Tradition zurückblicken. Der Festtagsbraten, das Stück Fleisch am Sonntag, die regionalen Spezialitäten - all dies zeigt, das damit auch ein Stück Heimat, ein Stück Wohlstand und Lebensfreude sowie sozialer Aufstieg und Freiheit verbunden werden.

Heute ist Fleisch zu einer Massenware geworden, die industriell hergestellt und zu Schleuderpreisen verkauft wird. Die Tiere werden vielfach nicht artgerecht gehalten, sondern in Form von industrieartigen Produktionsstätten. Dreimal täglich Fleisch essen - was früher undenkbar gewesen wäre, ist heute für viele Menschen zum Alltag geworden.

Tab. 21 Fleischkonsum (Rind, Schwein, Geflügel) ausgewählter Länder der Welt im Jahr 2007 pro Einwohner in kg

Land	2007
Deutschland	85
Frankreich	80
Italien	85
Spanien	105
UK	79
Kanada	97
USA	122
Ägypten	19

Land	2007
Südafrika	45
Argentinien	89
Brasilien	80
China	50
Indien	3
Südkorea	55
Japan	46
Australien	107

Quelle: St. Jb. 2011: 709.

All dies hat einen hohen Preis. Große Mengen an Futtermitteln werden aus Südamerika oder anderswoher nach Europa importiert. Europa lässt sein Vieh im Ausland weiden (Putzer 2009). Dies geschieht meistens auf den Feldern der Armen, die häufig von ihrem Land vertrieben wurden. Je mehr Fleisch auf dem Teller der reichen Industriestaaten landet, desto mehr Hunger herrscht in den ärmeren Ländern der Welt, weil z. B. Sojafelder zur Futtermittelproduktion angelegt werden (Shiva 2004).

Tab. 22 Viehbestand weltweit von 1938 bis 2003 in Mio.

	1938	1953	1966	1978	2003
Pferde	74	61	63	62	55
Rinder	627	745	1.087	1.208	1.331
Schweine	262	301	587	736	951
Schafe	665	731	1.026	1.061	1.024
Ziegen	x	x	377	437	765
Hühner	x	x	x	6.465	16.100

Quellen: St. Jb. 1955; Internationale Übersichten: 45. St. Jb. 1969; Internationale Übersichten: 55. St. Jb. 1980; Internationale Übersichten: 629. St. Jb. 2005: 299.
Hinweise: Die Jahreszahlen schwanken teilweise um ein Jahr für die Werte nach dem Zweiten Weltkrieg. Zahlen für das Jahr 1938 stammen zum Teil von 1934.

6.5 Die Verbindungen zwischen Land- und Energiewirtschaft

Es ist im Westen wenig bekannt und erforscht, dass die Landwirtschaft als großes technisches System einer der Hauptenergieverbraucher ist. In den letzten 40 Jahren hat der Westen auf eine industrielle Nahrungsmittelproduktion umgestellt. Alle Bereiche der Wertschöpfungskette in der industriellen Landwirtschaft verbrauchen Energie. Düngemittel und Pestizide werden aus Erdgas bzw. Erdöl hergestellt (Hirn 2009: 24f), Traktoren, Erntemaschinen, Schiffe und Lkws, welche die Ernte transportieren, benötigen Erdöl. Und auch die Herstellung der Verpackungen unserer Lebensmittel verbraucht viel Energie (Hirn 2009: 169f). Um ein Kilogramm Stickstoff aus der Luft zu binden und es zu mineralischen Dünger zu verarbeiten, benötigt man einen Liter Dieselöl. Heute werden auf einen Hektar Land in Deutschland pro Jahr 174 Liter Dieselöl allein für die Stickstoffdüngerproduktion aufgewendet (Bommert 2012: 205).

Hinzu kommt der enorme Wasserverbrauch der Landwirtschaft. Die Hochertragssorten für Mais, Soja, Weizen und Reis benötigen jede Menge Wasser. Weltweit verbraucht die Landwirtschaft etwa 70 % des globalen Wasserbedarfs, die Industrie 20 % und die Konsumenten etwa 10 %. Fast die Hälfte aller Felder wird bewässert. Auch hierfür wird Energie benötigt (Hirn 2009: 88).

Die Landwirtschaft ist ein globales System geworden. Soja wird als Ölkuchen und als Mehl von Südamerika nach Europa gebracht und hier an das Vieh verfüttert. Diese internationale Verflechtung macht die Ermittlung von genauen Zahlen schwierig. Aber die Dimension des Ganzen lässt sich doch in etwa erahnen.

In der Energiewirtschaft wird zwischen Primär- und Sekundärenergieverbrauch einer Volkswirtschaft unterschieden. Der Primärenergieverbrauch umfasst alle aufgewendeten Energien. Der Sekundärenergieverbrauch nur die verbrauchten Energien, nicht diejenigen, die vorher stofflich abgezweigt wurden bzw. beim Transport verloren gingen. Das sind etwa 40 % der gehandelten Energie-Stoffmengen weltweit (Teske 2008: 190). Auch in Deutschland sieht das Verhältnis ähnlich aus (Tzscheutschler, Nickel 2009).

6.6 Die „Grüne Revolution"

Die Zusammenhänge zwischen der Öl- und Agrarindustrie waren seit den 1940er Jahren stets sehr eng gewesen. Deswegen wird hier näher darauf eingegangen. Einer der wichtigsten Akteure ist die Rockefeller-Foundation. Die Rockefeller-Foundation wurde 1910 in New York von John D. Rockefeller (1839-1937) gegründet. Dieser hatte 1870 die *Standard Oil Company of Ohio*, Cleveland, ins Leben gerufen, die damals größte Ölfirma Nordamerikas. 1911 wurde sie in einem „Anti-Trust"-Verfahren auf dem Papier zerschlagen. Im Laufe der Zeit entstanden aus den diversen Teilstücken verschiedene Firmen: *Esso* (1926) aus den Anfangsbuchstaben von „S. O." für *Standard Oil*, *Mobil Oil* (1966), *Amoco* (1985), später von BP übernommen (1989), *Exxon* (1972), *Chevron* (1984) und *ExxonMobil* mit Sitz in New York (1999) aus dem Zusammenschluss von *Exxon* und *Mobil Oil* (Czartowski 2004: 118ff). Die Firma ist nach wie vor einflussreich. Man gründete in New York das Lincoln- und das Rockefeller-Center. Das UNO-Gebäude in New York steht auf einem ehemaligen Schlachthofgelände, einem Grundstück, das der UNO 1947 von John D. Rockefeller II (1874-1960) geschenkt wurde (dtv-lexikon 1997).

Neuere Enwicklungen zur hoch intensiven und industrialisierten Landwirtschaft begannen mit der sogenannten „Grünen Revolution". Die „Grüne Revolution" (Begriff wurde zuerst 1968 geprägt) begann Mitte der 1940er Jahre in Mexiko. Norman Borlaug, ein Pflanzenforscher aus den USA und späterer Friedensnobelpreisträger (1970) wurde von der Rockefeller Foundation nach Mexiko geschickt, um dort neue Mais- und Weizensorten zu entwickeln. Er entwickelte neue Hochertragssorten. Diese Sorten zeichnen sich dadurch aus, dass der Weizen kürzere Halme besitzt, aber dafür mehr Korn trägt. Dies hat weitreichende Folgen. Denn somit bekommen die Kühe weniger Stroh und damit gibt es auch weniger Mist, der wieder auf die Felder ausgebracht werden kann. Das bedeutet, dass die Bodentiere weniger Nahrung haben und somit zurückgehen (Shiva 2004: 25f), die Qualität des Bodens lässt nach, die Humusschicht nimmt ab. Die Hochertragssorten benötigen viel Wasser, Düngemittel und Pestizide. Sie lassen sich nur auf großen Flächen gewinnbringend anbauen. Man benötigt Traktoren, Erntemaschinen und viel Energie, um die Felder mit dem notwendigen Wasser zu versorgen. Die kleinbäuerliche Subsistenzwirtschaft mit ihren lokalen und regionalen Märkten wurde durch kapitalintensive Großbetriebe ersetzt, die für den Weltmarkt produzieren.

Die Bauern benötigen sehr viel Geld, um sich die Hochertragssorten, das Wasser, die Düngemittel und die Pestizide leisten zu können. Dafür nehmen sie in der Regel bei den Saatgutfirmen Kredite auf. Sie werden so abhängig gemacht von den Kreditgebern, den Saatgutfirmen, sowie von den Düngemittel- und Pestizidherstellern. Diese kapitalintensive Landwirtschaft ist zudem stark abhängig von der Finanz- und der Ölindustrie.

Zunächst verzeichnete diese kapitalintensive, industrielle Landwirtschaft Erfolge. Die Hochertragssorten von Norman Borlaug wurden in großem Stile angepflanzt und Mexiko musste keinen Weizen mehr importieren. 1963 schickte die Rockefeller Foundation Borlaug nach Indien. Und auch dort stieg die Weizenproduktion deutlich an, weil Borlaug seine Hochertragssorten mitbrachte (Hirn 2009: 223ff). 1961 wurde auf den Philippinen mit Hilfe von Geldern der Ford- und der Rockefeller-Foundation ein Institut gegründet, welches dasselbe mit Reis versuchen sollte. 1966 war der Wunderreis geboren und die Philippinen wurden in kürzester Zeit zum Selbstversorger für Reis. Kurz darauf wurde dieser Reis auch in Indien angepflanzt; auch dort stieg die Reisproduktion stark an.

Die Unterstützung der Rockefeller-Foundation war nicht ganz uneigennützig. Denn diese Hochertragssorten benötigen viel Dünger und Pestizide sowie auch enorm viel Wasser. Düngemittel werden aus Erdgas hergestellt und Pestizide aus Erdöl (Hirn 2009: 224).

Problematisch an dieser sehr technischen, wissenschaftlichen und kapitalintensiven Art des Umgangs mit der Landwirtschaft ist nicht nur der erhöhte CO_2-Ausstoß, sondern auch die Verschlechterung der Böden durch den großen Wasserbedarf. Dieser spült die dünne Humusschicht regelrecht weg. Große Flächen, die zur effektiven, maschinell-technischen Bewirtschaftung benötigt werden, lassen immer weniger Hecken-, Gras-, Busch- und Baumbestand zu. Dieser Bestand schützte vor dem Wind, der die Ackerkrume einfach mitnimmt. Hinzu kommt, dass die Böden durch den intensiven Wasserverbrauch und Pestizideinsatz versalzen und vernässen. In trockenen und halbtrockenen Klimazonen sind die Böden in der Regel nicht geeignet zum Einsatz von Hochertragssorten.

Die einheimische Bevölkerung hat in der Regel für ihre Böden über Jahrhunderte ein entsprechendes Saatgut gezüchtet, welches mit dem wenigen vorhandenen Wasser auskommt. Meistens gibt es viele Hunderte bis Tausende verschiedene Sorten von Mais oder Reis, je nach Boden- und Klimaverhältnis.

Die Hochertragssorten machen insgesamt nur ein paar Dutzend Sorten aus. Sie sind nicht speziell gezüchtet für jede Art von Boden. Nur mit Hilfe von Großtechnik können sie angebaut werden. Dies hat aber seinen Preis, der häufig erst nach Jahren oder Jahrzehnten sichtbar wird. Die Böden vernässen. Sie sind nicht mehr feucht, sondern durchnässt. Oder sie versalzen, weil durch den enormen Wasserverbrauch, der sich meist aus dem Grundwasser speist, in mineralischer Form gebundene Salze aus tieferen Erdschichten sich lösen und an die Oberfläche gespült werden und dort wieder auskristallisieren und den Boden verkrusten und unfruchtbar machen. In den USA sind 25 % der Böden inzwischen versalzen und vernässt (Shiva 2003: 158). Viele Landstriche und Flüsse führen zudem weniger Wasser, weil Grundwasser zur Bewässerung für die Landwirtschaft abgezweigt wurde, wie z. B. beim Colorado-River. Wilfried Bommert spricht in seinem neuen Buch „Bodenrausch" (2012) davon, dass von den 1,3 Mrd. ha Ackerland, die es weltweit gibt, schon etwa ein Drittel ausgelaugt und erodiert ist und die Bodenfruchtbarkeit zurückgeht (Bommert 2012: 167; dtv-lexikon 1997).

Die Missachtung der westlichen bzw. der industrialisierten Welt gegenüber den Menschen in anderen Ländern und Kulturräumen betrifft aber nicht nur die Ölindustrie, sondern vielfach auch die Chemie- und die Finanzwirtschaft. Meist geht es um die Aneignung von Landbesitz in fremden Ländern. Oder es geht um die Entsorgung hochgiftiger Chemikalien aus der Fluor-Chlor-Kohlenwasserstoffchemie in anderen Ländern, wie z. B. von Quecksilber oder von hochgiftigen Pestiziden oder Herbiziden, die man eigentlich als Dioxine bezeichnen müsste (Ernst, Weiss u. a. 1988).

Tab. 23 Land- und Waldfläche sowie Bodennutzung einzelner Länder 2008 in Mio. ha

	Landfläche (ohne Binnengewässer)	Waldfläche	landwirtschaftliche Nutzfläche	darunter Ackerland	ökolog. Anbaufläche an der landwirtlich. Nutzfläche
Deutschland	35	11	17	12	1
Frankreich	55	16	29	18	0,6
Spanien	50	18	28	13	1,5
Italien	29	9	13	7	1
UK	24	3	18	6	0,9
Russland	1.638	809	216	121	x
Südafrika	121	9	99	14	x
Ägypten	100	0	4	3	x
Äthiopien	100	13	35	14	0,11
Türkei	77	11	39	22	0,16
Saudi-Arabien	215	1	173	3	x
Indien	297	68	179	158	2
China	933	202	522	108	2
Japan	36	25	5	4	x
Südkorea	10	6	2	2	x
Indonesien	181	96	48	22	x
USA	915	304	412	170	2
Kanada	909	310	67	45	0,6
Mexiko	194	65	102	25	2
Brasilien	846	524	265	61	2
Argentinien	274	30	133	32	4
Australien	768	151	417	44	12

Quelle: nach St. Jb. 2011: 707.

Zur Herstellung von Chlor verwendet man Quecksilber. Bei den elektrolytischen Verfahren ist Quecksilber die Kathode und Amalgam die Anode. Quecksilber „funktioniert" aber auch als so genanntes Fungizid und tötet Pilze ab. Deswegen setzt man es zum Teil auch ein, um Pilze an Saatgut abzutöten wie bei Kaffeebohnen oder Mais (Ernst, Weiss u. a. 1988). Vielfach ist die Verwendung von Quecksilber oder von hochgiftigen Pestiziden wie DDT in Europa und in anderen Industrieländern verboten. Das heißt aber nicht, dass sie nicht in anderen Ländern eingesetzt werden oder wurden.

Heute sind Entwicklungen aller Art stets global zu sehen. Die globalen Folgen von nationaler Politik sind meist nur schwer sichtbar zu machen, da vielfach die Entwicklung von Statistiken in globaler Perspektive noch kaum vorhanden ist.

Andere Staaten kaufen Land, um ihre Bevölkerung mit Nahrungsmitteln versorgen zu können, häufig in ihrer nächsten Umgebung oder auch auf anderen Kontinenten. Länder wie Japan und Südkorea sind auf Grund ihrer eigenen geringen Ackerflächen in der Regel gezwungen, Nahrungsmittel zu importieren. Auch die reichen Golfstaaten wie Katar oder Saudi-Arabien müssen Nahrungsmittel importieren.

Der Run auf die fruchtbaren Äcker dieser Welt, die Vertreibung der einheimischen Bevölkerung, die zunehmende Verschlechterung der Böden, das Spekulieren mit Nahrungsmitteln und das Umwandeln von Nahrungsmitteln in Treibstoffe - alles dieses zeigt die Überziehung der Leitwerte Freiheit und Selbstbestimmung auf.

Im Zeitraum von 1960 bis 1990 hat die landwirtschaftliche Produktivität weltweit jährlich um etwa 4 % zugelegt. Von 1990 bis 2007 nur noch um 1,1 Prozent (Hirn 2009: 225). Das bedeutet, dass auch aus diesem Grund immer weniger Nahrungsmittel zur Verfügung stehen, was sich auf den Preis auswirkt, neben den so genannten „*Future*", eine Art Wette auf zukünftige Marktpreise für Lebensmittel.

Ähnlich argumentiert auch der deutsche Land- und Betriebswirt Felix zu Löwenstein, Präsidiumsmitglied von „*Naturland*", einem deutschen Öko-Label und ein international angesehener Vertreter des Ökolandbaus. In seinem Buch „Food Crash" aus dem Jahr 2011 beschreibt er, dass die industrielle Landwirtschaft mit Düngemitteln, Pestiziden und Gentechnik zur Übernutzung von Ressourcen, zur Zerstörung unser Lebensgrundlage und zum Zusammenbruch der globalen Ernährungssysteme führen wird: „Eine solche Landwirtschaft verhindert den Hunger nicht - sie produziert ihn!". Zudem schätzen die UN-Organisationen, die *Food and Agriculture Organization* (FAO, Rom) und die *International Labuor*

Organization (ILO; Genf), die Fälle an Pestizidvergiftung weltweit auf ca. 40.000 pro Jahr (Löwenstein 2011: 139).

6.7 Verdrängung örtlicher Produzenten. Verringerung der Biodiversität

Die USA förderten im Jahr 2008 ihren Agrarsektor mit Subventionen in Höhe von 290 Mrd. US-Dollar (Putzer 2010: 94). Die Europäer tun Ähnliches. Dies sind zum Teil auch Exportsubventionen. Die so subventionierten Agrarprodukte zerstören oft den lokalen Markt in afrikanischen oder asiatischen Ländern. Die einheimischen Bauern können ihre Produkte nicht mehr verkaufen, sie müssen ihr Land weggeben und enden als verelendete Slumbewohner in den großen Städten. Dann kommen westliche Hilfsorganisationen und verteilen ihnen großzügig subventionierte Lebensmittel.

Weil der Westen immer noch mehr Absatzmärkte für seine Produkte sucht, hat er Wege gefunden, in Länder wie z. B. in Indien, in Argentinien oder auch in Brasilien gentechnisch verändertes Saatgut einzuführen.

Zum einen ist das Saatgut so gezüchtet, dass die Bauern es nicht wieder aussäen können nach der Ernte. Sie müssen ständig neues Saatgut kaufen; der bäuerliche Saatguthandel unterbleibt. Zudem benötigt das Saatgut ein besonders teures Düngemittel und auf die Ernte lassen sich Eigentumsrechte geltend machen. Die Bauern werden also dreifach geschröpft. Einmal ist das Saatgut besonders teuer, dann das Düngemittel und dann müssen sie noch für die Lagerung oder den Transport der Ernte Gebühren an den Eigentümer bezahlen. Dies ist vor allem im Sojahandel zwischen Südamerika und Europa gängige Praxis.

Heute machen nur vier Getreidearten den Hauptteil des Weltgetreidehandels aus: Weizen, Mais, Reis und Soja. Früher gab es zum Beispiel allein in China 10.000 Weizensorten oder in Asien rund 200.000 Reissorten (Shiva 2009: 46). Heute machen nur noch etwa 30 Sorten dieser vier Getreidearten ca. 90 % der Weltgetreideproduktion aus (Shiva 2004: 105).

Von Mais, Reis und Weizen wurden im Jahr 2000 2,06 Mrd. Tonnen und im Jahr 2008 2,53 Mrd. Tonnen Getreide produziert (Fischer Weltalmanach 2010: 666f). Fünf weitere Getreidearten werden vor allem regional angebaut: Roggen, Hafer, Sorghum, Hirse und Gerste. Auch Soja wird zum Getreide gezählt, denn es liefert nicht nur die Sojabohne, sondern ähnlich wie andere Getreidearten ein fett- und eiweißhaltiges Korn, aus dem man Sojaöl herstellt. Aus den Überresten dieser Produktion stellt man Sojamehl, Sojakuchen und Sojaschrott her, das häufig als Viehfutter Verwendung findet. Problematisch ist, dass die regional angebauten Mais-, Weizen- und Reissorten von wenigen Hochertragssorten verdrängt worden sind. Das bedeutet eine Reduktion des Pflanzen- und Artenreichtums auf nur ein paar Sorten. Dies ist wenig, denn in Indien wurden zum Beispiel vor der „grünen Revolution" über 200.000 Reissorten angebaut (Shiva 2004: 113).

6.8 Die Zukunft im Agrarbereich

Der Weltagrarbericht aus dem Jahr 2008 schlägt eine Umstellung auf kleinbäuerliche, lokale und regionale Strukturen in der Landwirtschaft vor. Er spricht sich gegen gentechnisch veränderte Nahrungsmittel aus (IAASTD Weltagrarbericht 2008).

Aus globaler Sicht erscheint es möglich, große Teile der noch kleinbäuerlichen Landwirtschaft zu erhalten oder neu einzurichten. Diese wird wieder vermehrt auf organischen Dünger setzen und die Hecken, die Büsche und die Bäume als Windschutz stehen lassen, denn diese dienen auch der Speicherung des Wassers. Die Sortenvielfalt der Pflanzen wird wieder an den Boden und die klimatischen Verhältnisse angepasst werden. Diese Pflanzen werden weitgehend mit dem vorhandenen Wasser auskommen und benötigen keine ständige Bewässerung. Es wird wieder eine Brache- und Ackerzeit geben, bei der der Boden sich erholen kann oder Ackerklee gepflanzt wird, was den Boden wieder mit Stickstoffen und Mineralstoffen versorgt.

Ähnlich wie früher wird es wieder vermehrt organischen Dünger geben, der aus Ernte- und Essensresten, Gartenabfällen, Asche sowie Ausscheidungen von Mensch und Tier besteht und unter Luftabschluss im Dunkeln gelagert wird. Nach einem halben Jahr hat man beste Muttererde (Hoering 2007).

Die Aufzucht und das Halten von Tieren wird umfänglicher als bisher wieder an die Größe der Höfe angepasst werden, wie das bei „Naturland" und anderen Biobetrieben bereits Vorschrift ist. Dadurch ist die Zahl der Tiere begrenzt. Das meiste an Futtermitteln wird aus der Eigenproduktion kommen. Schon jetzt gibt es genaue Vorschriften für den Zukauf, der sich in engen Grenzen bewegt (Naturland 2011: 14). Man spricht vom Ideal der „geschlossenen Stoffkreisläufe". Ein Ideal, dass der Anthroposoph Rudolf Steiner (1861-1925) in seinem „Kurs für Landwirte" im Juni 1924 aufgestellt hatte (Schaumann 2002: 115ff).

Organische Landwirtschaft hat den Vorteil, dass die Bodenlebewesen wieder besser gedeihen. Diese lockern den Boden auf, so dass mehr Luft in den Boden gelangt. Dies ist wichtig, denn die Pflanzen atmen mit ihren Wurzeln und können so mehr Energie aus der Luft aufnehmen. Aber es geht auch um die bessere Aufnahme von Mineralstoffen und um die Ausreifung der Frucht. Die abgeschlossene Fruchtbildung dauert länger, aber dafür bilden sich mehr Vitamine und Aromastoffe aus, die wichtig für den menschlichen Organismus sind. Die Pflanze hat die notwendige Zeit, um ihre Samen ausbilden zu können und gleichzeitig auch viele tausende von Aromastoffen. Beim Hybridgemüse wird diese Samenbildung unterdrückt, das Wachstum der Pflanze geht in Größe und Gewicht der Früchte oder Knollen ein, wobei wichtige Aromastoffe nicht produziert werden.

Es gibt auch Untersuchungen, die besagen, dass die organische Landwirtschaft wesentlich effizienter produziert und ihr Ertrag pro Hektar Land größer ist als bei der industriellen Landwirtschaft, vorausgesetzt sie wird nicht auf schlechte Böden oder in unzugängliche Gegenden abgedrängt.

So hat *SAFE-World*, das ist ein umfangreiches, weltweit angelegtes Projekt zur Untersuchung der Effizienz der organischen Landwirtschaft, festgestellt, dass die Effizienz bei der organischen Landwirtschaft höher ist. Ende der 1990er Jahre wurden Untersuchungen in 52 Länder und bei 208 Projekten gemacht, viele davon in Afrika (Hoering 2007: 141ff).

Neben der ökonomischen hat die Landwirtschaft auch eine ökologische Bedeutung. Sie leistet einen wichtigen Beitrag zum Umweltschutz, schützt den Wasserhaushalt und das Klima und verhindert eine Versumpfung oder Austrocknung der Böden. In traditionalen Gesellschaften gibt es auch viele Feste und Rituale bei der Aussaat, der Ernte und der Bodenbearbeitung (Hoering 2007: 144).

Die mineralische Düngung und Verwendung von Pestiziden war ein technisch-chemischer Ansatz, um vor allem den Bevölkerungsanstieg im 19. und zu Beginn des 20. Jahrhunderts gerecht zu werden sowie nach dem Zweiten Weltkrieg die Bevölkerung in Europa wieder schnell mit Lebensmitteln zu versorgen. Dies ist gelungen. Heute ist geboten, wieder auf eine organische und ökologische Landwirtschaft zu setzen. Diese kann die Bedürfnisse des Bodens, der Tiere, der Pflanzen und der Menschen stärker berücksichtigen.

7.0 Der Wirtschaftsbereich

Jede Nation wird sich in Zukunft in die Weltgesellschaft einfügen müssen: einmal wegen der rasanten wirtschaftlichen Entwicklung und zum anderen auf Grund der Auswirkungen des Klimawandels. Denn diese Auswirkungen werden sich schneller zeigen als angenommen. Es werden in den nächsten Jahren so starke Veränderungen auftreten, dass Umsiedlungen und Ernährungs- und Trinkwasserengpässe in großem Ausmaß auftreten werden. Sie erfordern ein rasches Eingreifen der Weltgemeinschaft. Dafür fehlen heute noch die notwendigen Strukturen.

Im Moment erfolgt die Art des Wirtschaftens ohne den Einschluss der Erde. Wie ausgeführt, basiert das heutige Wirtschaftssystem vor allem auf fossilen Brennstoffen und Chlor. Die Erde wird dabei vorwiegend als Rohstofflieferant genutzt und gesehen. Dass sie auch die Luft, das Wasser, ein temperiertes Klima, den Lebensraum für Tiere, Pflanzen und Menschen zur Verfügung stellt, wird bei dieser Art des Wirtschaftens kaum berücksichtigt. Für jede Tonne gefördertes Erdöl, jeden Kubikmeter Erdgas oder jede Tonne Kohle müssten die Betreiberfirmen eigentlich eine Abgabe entrichten, denn das Verbrennen der fossilen Brennstoffe erzeugt Treibhausgase, die allen schaden. Vor 150 oder gar 50 Jahren wurde dies noch anders gesehen. Damals galten die fossilen Brennstoffe und die dazugehörende Fluor-Chlor-Kohlenwasserstoff-Chemie als Zeichen von Freiheit und Fortschritt.

7.1 Die Chemie-Wirtschaft

Wie umfassend die Nutzung von Kohlenwasserstoffen und Chlor inzwischen geworden ist, macht man sich selten klar. Geht man durch ein modernes Einkaufszentrum, dann sind direkt oder indirekt die fossilen Brennstoffe an der Herstellung vieler der angebotenen Güter beteiligt, einschließlich der Herstellung des Gebäudes selbst. Die Salben in der Apotheke werden aus Glycerin gefertigt, ein Produkt aus Chlor und fossilen Brennstoffen. Die

Verpackungen der Salben und Arzneimittel sind entweder aus Plastik und damit auch aus einer Erdöl-Chlor-Verbindung gemacht, oder sie sind aus Papier hergestellt, welches auch mit Hilfe von fossilen Energien produziert worden ist.

Viele Verpackungen der in einer Apotheke erhältlichen Artikel sind bunt und farbig. Zur Herstellung dieser Farben verwendet man Teerfarben. Ein anderer Name dafür ist Anilin. Teer ist ein Gemisch aus flüssigen und halbfesten Reststoffen der Kohle- und Ölverarbeitung. Auch die meisten Schmerz-, Fieber- und antiseptischen Mittel der Apotheke werden mit Hilfe von Chlor hergestellt. Zur Chlor-Herstellung benötigt man u. a. Quecksilber und Energie. Quecksilber hat man noch in den 1980er Jahren als Beizmittel zum Schutz von Pflanzensamen verwendet, wie z. B. von Kaffeesamen. In Afrika ist Quecksilber vielfach ohne jeglichen Schutz verwendet worden - mit entsprechenden verheerenden Folgen für die Gesundheit der Menschen dort (Ernst, Langbein, Weiss 1988: 59-76).

Die Brötchen beim Bäcker werden in Öfen gebacken, die direkt oder indirekt mit fossilen Brennstoffen geheizt werden. Das Korn zur Herstellung der Brötchen wird mit Maschinen geerntet, die von fossilen Treibstoffen angetrieben werden. Zudem wurde es gedüngt und mit Pestiziden oder Herbiziden besprüht. Diese wurden häufig aus fossilen Brennstoffen und unter Zur-Hilfenahme von Chlor und Energie hergestellt. Auch die Outdoor-Kleidung und Sportkleidung aus künstlichen Fasern oder die Kleidung aus Baumwollfasern ist direkt oder indirekt vermittels von fossiler Brennstoffe hergestellt worden. Ähnliches gilt für Materialien wie Glas, Stahl oder Keramik, die in irgendeiner Form in Einkaufscentern angeboten werden.

Das *Global Carbon Project* (seit 2001) will den Klimawandel in seinen Auswirkungen besser verstehen. Die Gründer sitzen im *Center for Global Enivironmental Research* in Tsukuba (Japan) und in Canberra (Australien) in der *Commenwealth Scientific and Industrial Research Organisation, Marine and Atmospheric Research*. Das *Global Carbon Project* ermittelte einen globalen Emissions-Wert von 34,1 Mrd. t CO_2 im Jahr 2009.

Der Abbau fossiler Brennstoffe wird in immer entlegenere und an immer schwerer zugängliche Orte verlegt. Häufig werden diese Rohstoffe ohne Rücksicht auf die Natur ausgebeutet oder auf die Menschen, die dort leben - was zu Unmut der ortsansässigen Bevölkerung führt, die wenig von ihrem Reichtum an Bodenschätzen hat.

7.2 Die Öl-Wirtschaft

Wir leben immer noch im Zeitalter der fossilen Brennstoffe: Das Kohle-Zeitalter begann etwa um 1750 in England und breitete sich im 18. und 19. Jahrhundert weiter aus. Ab Mitte des 19. Jahrhunderts und vor allem im 20. Jahrhundert kamen Erdöl und Erdgas hinzu.

Die Verquickungen zwischen der Öl- und Finanzindustrie waren und sind sehr eng. So gründete z. B. Marcus Samuel Jr. 1897 mit Hilfe der englischen und französischen Rothschild-Banken die „Shell Transport und Trading Company" mit Sitz in London. Man transportierte mit Tankschiffen Tee, Gewürze, Reis oder z. B. Öl aus Baku nach Japan und dem damaligen

Tab. 24 Weltprimärenergieverbrauch nach Energieträgern in Öleinheiten (ÖE)

	1970		2010	
	in Mrd. t ÖE	in %	in Mrd. t ÖE	in %
Erdöl	2,00	40,0	4,03	33,6
Erdgas	1,00	20,0	2,86	23,8
Braun- und Steinkohle	1,70	34,0	3,55	29,6
Wasserkraft	0,27	5,4	0,78	6,5
Kernenergie	0,04	0,6	0,62	5,2
Erneuerbare Energien	x	x	0,16	1,3
Welt	**5,01**	**100,0**	**12,00**	**100,0**

Quellen: Nach Schilling, Hildebrandt 1977; nach Fischer Weltalmanach 2011: 673f.

Indochina (Vietnam). In den Anfängen hatte der Vater Samuel Sr., noch Muscheln transportiert, daher stammt der Name „Shell" (engl. Muschel). Samuel Jr. war als Lord Bearstaed später dann eine zeitlang Bürgermeister von London. 1907 schloss man sich mit der *Royal Dutch Company*, einem holländischen Unternehmen mit Sitz in Den Haag, zusammen, das 1890 gegründet wurde, um in Niederländisch-Indien (Indonesien) Öl zu fördern. Es entstand die *Royal Dutch/Shell Group* in Den Haag. Dieses Unternehmen war sich der Unterstützung des niederländischen und englischen Königshauses sowie der beiden Rothschild-Banken sicher, womit ihm das größte Kolonialreich der Welt offen stand (Czartowski 2004: 315ff).

Die Verbindungen zwischen der Ölindustrie und der Politik waren und sind stets sehr eng. Der Film von Greg Palast und James Brabazon „Profit um jeden Preis. Die BP-Story" (gesendet auf Phoenix 21.04.12) zeigt, wie z. B. BP mit der englischen Politik verhaftet ist. BP und die Regierung wechseln das Personal hin und her.

BP nahm Einfluss auf die Regierung von Aserbaidschan, um im Kaspischen Meer nach Öl bohren zu können und BP unterstützte einen Gefangenen-Austausch mit Libyens Ex-Diktator Gaddafi, um an die Ölvorräte in Libyen heranzukommen.

Die Firma *British Petroleum Company* (BP) war eigentlich schon 1901 gegründet worden. Ein englischer Anwalt erwarb damals eine Konzession, um in Persien nach Öl zu suchen. Erst 1909 wurde man fündig, nachdem die Konzession inzwischen verkauft worden war an David Sime Cargill (1826-1904), dem Begründer der *Burmah Oil Company* (1886), die in Indien nach Öl suchen sollte. Cargill gründete 1909 die *Anglo-Persian Oil Company*, die sich erst 1954 in BP umbenannte. Später erwarb BP Teile der zerschlagenen ehemaligen *Standard Oil Company* von John D. Rockefeller, wie z. B. *Standard Oil of Ohio Sohio* (1970) oder die *Standard Oil Company of Indiana* und die *American Oil Company Amoco* (1998) (vgl. Czartowski 2004: 57ff).

Ebenso eng sind die Verquickungen zwischen der Ölindustrie und der Chemie- und Agrarindustrie. Die Produktion von BASF z. B. hängt weitgehend von Öl und Erdgas ab. Die Übertretungen der Ölindustrie in Bezug auf die Umwelt und auf die Menschen in anderen Erdteilen waren und sind zahlreich:
- im Nigerdelta in Nigeria fördert z. B. Shell seit 50 Jahren Öl. Jedes Jahr sterben dort viele Menschen, vor allem auf Grund des Abfackelns des Erdgases, welches bei jeder Ölbohrung mit entsteht. Dies ist die billigste Methode, um die Leitungen frei zu bekommen, damit das Erdöl wieder fließen kann. Dabei entstehen giftige Dämpfe. Dieses „Gas Flaring" ist gängige Praxis in der Ölindustrie. Weltweit werden dabei jährlich etwa 400 Mio. Tonnen CO_2 freigesetzt. Das ist mehr, als 500 Mio. Autos jährlich in die Luft blasen (Film von Altenmeier, Weber am 21.04.12 auf Phoenix);

- In Westsibirien nahe der Arktis, wo das Abfackeln des Erdgases das Gletschereis der Arktis voller Ruß und damit schwarz eingefärbt zurücklässt. TNK-BP, die russische Betreiberfirma und BP, fördert dort Öl. Jetzt taut das Gletschereis der Arktis schneller, da der rußgefärbte schwarze Schnee das Sonnenlicht absorbiert und nicht mehr reflektiert, wie vormals der weiße Schnee (Film von Altenmeier, Weber am 21.04.12);
- bei den Ölkatastrophen im April 2010, als die Ölplattform „Deep Water Horizon" von BP im Golf von Mexiko versank, liefen insgesamt etwa 780.000 Tonnen Öl ins Meer. Diese wurden zum Teil durch chemische Mittel unter die Wasseroberfläche gedrückt, aber immer häufiger werden sie heute auch an die Küste von Louisiana gespült;
- bei einer Öl-Pipeline in Alaska, die von BP betrieben wird, liefen wegen fehlender Wartungen in den letzten 5 Jahren 800.000 Liter Öl aus. Der Molch, ein technisches Gerät, das durch die Pipeline fahren soll und sie auf Dellen, Risse oder Rost untersuchen soll, wurde acht Jahre lang nicht eingesetzt, denn sein Einsatz ist teuer. Er kostet etwa 450.000 US-Dollar pro Kilometer Pipeline, da die Auswertung der vielen Daten mühsam ist; zudem kann die Pipeline während dieser Zeit kein Öl transportieren (Film von Palast, Brabazon am 21.04.12 auf Phoenix).

BP plant an der Nordküste von Alaska eine Tiefsee-Bohrung, das so genannte *Liberty-Project*, das 2013 starten soll. Die Bohrungen sollen zwei Kilometer tief in den Meeresgrund und innerhalb des Meeresgrundes dann noch einmal 6 bis 8 km seitlich geführt werden. Dafür soll eigens eine künstliche Insel aufgeschüttet werden, damit die Bohrung als *Onshore*-Bohrung gelten kann, denn neue *Offshore*-Bohrungen sind von der Obama-Regierung verboten worden (Duchin 2010).

Die Ölförderung, die Chemie und die Agrarindustrie hinterlassen überall eine Spur der Verwüstung und des Todes. Hier werden die alten Leitwerte Freiheit und Selbstbestimmung überbetont zu Lasten des neuen Leitwerts der Einheit der Menschheit und der Einheit mit der Natur.

Hinzukommt, dass die Negierung der Rechte anderer Völker eine weitere Überziehung der europäischen Freiheits- und Selbstbestimmungsrechte zu deren Lasten darstellt, wie z. B.

im Nigerdelta in Nigeria, wo europäische und amerikanische Firmen Joint Ventures mit der nigerianischen Regierung eingehen, um Öl fördern zu können. Zu diesen Firmen zählen u. a. Chevron, Total, ExxonMobil und Shell. Im Nigerdelta sind in den letzten 50 Jahren 1,5 Mio. Tonnen Öl ausgelaufen. Beim Tankerunglück der Exxon Valdez in Alaska 1989 liefen etwa 40.000 Tonnen Öl aus. 1992, beim Tankerunglück der *Aegean Sea* in Galizien (Spanien), etwa 80.000 Tonnen Öl (Njanji, Mongalvy 2010; süddeutsche.de).

Die Anwohner und Umweltverbände führen die Ölpest im Nigerdelta auf mangelnde Sicherheitsmaßnahmen der Ölfirmen zurück. Betroffen sind die dort lebenden etwa 30 Mio. Menschen. Im Delta gibt es keine Fische mehr, denn Luft, Boden und Gewässer sind voller Öl. Aufstände von Rebellen werden von der nigerianischen Regierung niedergeschlagen (Fischer Weltalmanach 2009).

7.3 Fehlentwicklungen in der Finanz-Wirtschaft

Nicht nur in vielen Wirtschaftsbereichen sind die Werte von Freiheit und Selbstbestimmung aus dem Ruder gelaufen, sondern auch im Finanzbereich. Das Finanzsystem hat die Geldmenge, die Stabilität des Geldwertes, die Kreditvergabe, den Zahlungsverkehr, die Risikoverteilung und die Investitionen in die Zukunft zu regeln.

Das betrifft zum einen die horrenden Schulden von Banken und Ländern, welche in jüngster Zeit bei virtuellen Finanzgeschäften entstanden sind. Die Summe der virtuellen Gelder beträgt 4.400 Billionen US-Dollar (Steinbrück 2010). Das Welt-BIP lag dagegen im Jahr 2008 bei nur etwa 60 Billionen US-Dollar (www.wikipedia.de). Auch wenn nicht die komplette virtuelle Summe Schulden sein mögen, so ist das Verhältnis von virtuellem Geld zu realem Geld in etwa 70 : 1. Wenn sich die Schulden auch nur auf die Hälfte der Summe der virtuellen Gelder belaufen, niemand weiß das so genau, dann ist klar ersichtlich, dass die Realwirtschaft diese Schuldenberge niemals wird auffangen können.

Die Finanzwelt hat die Freiheit der Märkte weit überzogen, jenseits aller realen Möglichkeiten. Gegenwärtig versuchen sie, ihre Schulden auf die Allgemeinheit abzuwälzen. Die Schulden werden weltweit verteilt und drohen die Einheit der Gesellschaften und der Staatengemeinschaften zu gefährden, wie z. B. in Europa.

Die Boni-Forderungen von Bankern in Westeuropa, welche sich auf die Vertragsfreiheit berufen, überziehen die Freiheit des Individuums auf Kosten aller. Denn diese Boni-Forderungen müssen letztlich von staatlicher Seite her beglichen werden. Die Ideologie der Freiheit der Märkte hat zu Spaltungen in westeuropäischen Gesellschaften geführt: mit einem Niedriglohnsektor auf der einen und einer wachsenden Zahl von Einkommensmillionären auf der anderen Seite.

Ein Blick in die Geschichte zeigt, wie sich das Finanzsystem entwickelt hat. Es verdeutlicht auch, dass eine Geldwirtschaft, wie wir sie heute kennen, das Produkt der Leitwerte Freiheit und Selbstbestimmung ist.

7.4 Zur historischen Entwicklung des Geldes und des Finanzsektors

Zwar sieht es anders aus, aber auch heute noch ist die Warenwirtschaft vorherrschend. Die Geldwirtschaft erleichtert sie lediglich. Geld ist ein Tausch-, Verrechnungs-, Zahlungs- und Bewertungsmittel. Aber die Qualität und die Anzahl der Waren bestimmt immer noch darüber, wer mit wem etwas tauscht und zu welchen Konditionen.

Geld steht als Symbol für diese Waren. Sind aber die Waren nichts wert, dann will auch niemand diese Währung besitzen oder eintauschen. Als Beispiel sei hier die ehemalige Ost-Mark angeführt, die im Westen niemand haben wollte, weil die dahinter liegenden Waren nicht gewollt wurden. Umgekehrt hatte die ehemalige DDR große Mühe, sich harte Währungen zu verschaffen, wie US-Dollar oder West-Mark, mit der sie auf dem Weltmarkt einkaufen konnte, da niemand in den USA oder in Westdeutschland Trabbi-Autos haben wollte.

Geld war immer eng an das Warenwirtschaftssystem einer Gesellschaft gekoppelt, in der Frühantike häufig direkt an Gegenstände, wie z. B. an Muscheln, Perlen oder Schnecken. Es mussten Gegenstände sein, die leicht zu handhaben waren, die es in ausreichender Zahl gab und die beständig waren. Oder es war an Werte gebunden, wie z. B. an das Vieh. Der lateinische Name für Geld leitet sich z. B. von dem Namen für das Vieh ab.

Als der Austausch von Waren und Dienstleistungen zunahm, wurde ein feiner abgestuftes System erforderlich. Man führte das Münzwesen ein. Wer legte aber die Menge der zu prägenden Münzen fest? Da die Menge der Metalle damals begrenzt war, stellte dies noch kein Problem dar; das wurde es erst im Mittelalter. Auch heute stellt sich dieselbe Frage: wer legt die Menge an Papiergeld oder an virtuellem Geld fest?

Im Mittelalter hatten die Münzanstalten und die Institutionen des Kreditwesens die Schwierigkeit, mit den beständigen Veränderungen des Silber- und Goldpreises klarzukommen. Dieser hing von den Gold- und Silbervorkommen ab, die auf dem Markt vorhanden waren. Diese änderten sich ständig, z. B. durch die Entdeckung Amerikas im Jahr 1492 oder durch neue Abbaumethoden in den Silberbergwerken Europas. Das führte zu Anpassungsschwierigkeiten von Kreditinstituten bezüglich ihrer Einlagen, Forderungen und Verbindlichkeiten. Zum Teil versuchte man auch über die Münzprägung den Gold- und Silberanteil der Münzen zu verringern, um Verluste auszugleichen oder Staatsschulden zu verringern.

Aber schon früh wurden unterschiedliche Versuche unternommen, Wertpapiere zu erschaffen, um eine Teilhabe an Firmen oder Institutionen zu ermöglichen. Letztlich ging es um das Vertrauen, dass dieses Wertpapier in Zukunft seinen Wert behalten, zwischendurch Zinsen abwerfen oder seinen Wert sogar steigern würde. Eine Form des Wertpapieres ist eine Aktie. Es gibt auch Staatsanleihen, Obligationen, Pfandbriefe oder Firmenanleihen.

Bei allen diesen Formen von Wertpapieren und Kreditgeld geht es immer auch um den Glauben, dass dieses Geld in einem zeitlichen und manchmal auch in einem räumlichen Abstand seinen Wert behalten wird. Über die Ausgabe von Aktien kann sich eine Firma an der Börse mit Bargeld versorgen. Aktien sind Anteilsscheine am Eigenkapital der Firma, die an der Börse gehandelt werden können. Der reine Sachwert der Firma - ihre Grundstücke, Gebäude, Lagerbestände und ihre Patente - hat mit dem Wert der Aktie nicht unbedingt viel zu tun.

Man spricht auch von der „Marktkapitalisierung" oder dem Börsen- oder Marktwert einer Firma. Alle Aktien zusammen machen den Börsen- oder Marktwert einer Firma aus.

Die erste Börse gab es in den damaligen südlichen Niederlanden, in Brügge, im Jahr 1409, weitere folgten: 1460 Antwerpen, 1462 Lyon, 1530 Amsterdam und 1540 Nürnberg und Augsburg (Weimer 1994: 80).

Der Wert der Aktie wird durch die Nachfrage nach ihr bestimmt und durch die Aussicht auf zukünftige Gewinne. Ein aktuelles Beispiel: Die Firma Apple hatte im Jahr 2010 etwa 60.000 Mitarbeiter beschäftigt, machte einen Umsatz von 46,7 Mrd. US-Dollar und erwirtschaftete einen Gewinn von 9,4 Mrd. US-Dollar. Aber ihr Börsen- oder Marktwert, betrug im Juli 2011 etwa 560 Mrd. US-Dollar. Das war damals der höchste Marktwert überhaupt. Der Firma Apple wurden weltweit die größten Zukunftsaussichten eingeräumt (www.wikipedia.de: Liste der größten Unternehmen der Welt, Stand vom 29.04.2012).

Der Übergang zum kreditorientieren Finanzsystem verlief nicht unproblematisch (Weimer 1994: 119). Auch Papiergeld ist Kreditgeld. Es unterscheidet sich nicht wesentlich von anderen Wertpapieren. Immer ist die Frage, ob die Firma, der Staat, die Bank noch existiert, wenn das Wertpapier eingelöst wird - und ob es eingelöst wird. Immer geht es dabei um Vertrauen, deswegen auch der Name Kreditgeld. Früher haben auch Banken Papiergeld herausgegeben, nicht nur Staaten.

Bei der Ausgabe von Wertpapieren bietet eine Institution an, sich an ihren Werten zu beteiligen. Bei einem Staat kann das die Teilhabe an seiner Solidität und Stabilität sein, wenn er z. B. Banknoten, Staatsanleihen, Pfandbriefe oder Obligationen herausgibt. Bei einem Unternehmen kann das die Teilhabe an der Kreativität und den zukünftigen Marktchancen sein, wenn es Aktien oder Anleihen herausgibt.

Da man die Deckungsvorschriften für das Papiergeld im 19. und 20. Jahrhundert gelockert hatte, war es schwierig geworden, die Währungen mit ansteigendem Welthandel in ein geordnetes Verhältnis zu bringen. Deswegen setzte man dann auch 1944 mit dem Geld- und Währungsabkommen von Bretton Woods (New Hampshire, USA) fest, dass 35 US-Dollar für eine Unze Gold bezahlt werden sollten (Weimer 1994: 219). Das bedeutete, dass man immer noch eine Kopplung an das Gold vorsah, um unterschiedliche Währungen zum Ausgleich zu bringen.

1949 waren die USA mit großem Abstand die stärkste Wirtschaftsmacht der Erde; mit 24,6 Mrd. US-Dollar besaßen sie etwa zwei Drittel des Währungsgoldbestandes der Welt. Zwei Drittel aller intakten Industrieanlagen und drei Viertel des auf der Welt investierten Kapitals waren nach dem Zweiten Weltkrieg in den USA. Die Alliierten legten 1949 den Wert der West-Mark zum US-Dollar fest: 4,20 DM zu einem US-Dollar; 1952 wurde dieser Wert auf 4 DM zu 1 US-Dollar geändert (Weimer 1994: 234, 238).

Wurden 1949 die Währungsparitäten noch weitgehend festgesetzt und über den Goldstandard geregelt, so hatte sich diese Art des Ausgleichs von Währungen durch den zunehmenden Welthandel rasch überholt. Historisch gesehen wurden nach 1949 die verschiedenen Währungen der einzelnen Staaten immer freier gehandelt. Zwar kam es auch zu Blockbildungen, wie z. B. für das englische Pfund oder für den französischen Franken - an den französischen Franken schlossen sich z. B. einige südamerikanische Länder sowie Belgien, Holland und die Schweiz an -, aber dies waren nur vorübergehende Erscheinungen.

1979 wurde das Europäische Währungssystem (EWS) eingeführt. Innerhalb der EWS-Zone gab es feste, aber anpassungsfähige Wechselkurse mit einer Schwankungsbreite von 2,25 %, die gegenüber dem „Ecu" fest vorgegeben waren. Der „Ecu" war eine bereits 1975 geschaffene Buchwährung der damaligen 12 EG-Staaten, die frei auf dem Markt gehandelt wurde.

Die USA waren, wie ausgeführt, nach dem Zweiten Weltkrieg als Wirtschaftsmacht die unangefochtene Nummer eins auf der Welt. Sie verfügten z. B. 1960 über fast 40 % des Bruttoinlandsprodukts (BIP) der Welt. Im Jahr 2011 war es immer noch in etwa ein gutes Fünftel des Welt-BIP (www.wikipedia.de: Liste der Länder nach Bruttoinlandsprodukt).

Tab. 25 Entwicklung des Bruttoinlandsproduktes (BIP) einzelner Staaten
von 1960 bis 2011 in Billionen US-Dollar (1.000 Mrd. US-Dollar)

Land	1960	1970	1980	1990	2000	2011
Argentinien	x	x	0,21	0,14	0,28	0,44
Brasilien	0,02	0,04	0,16	0,51	0,64	2,52
USA	0,52	1,02	2,79	5,80	9,82	15,06
Frankreich	0,06	0,15	0,69	1,25	1,33	2,81
Deutschland	0,01	0,21	0,83	1,55	1,91	3,63
Italien	0,04	0,11	0,46	1,14	1,10	2,25
UK	0,07	0,12	0,54	1,02	1,48	2,48
Russland	x	x	x	0,09	0,34	1,84
Japan	0,04	0,21	1,06	3,03	4,67	5,86
Südkorea	x	x	0,07	0,28	0,53	1,16
Indien	0,04	0,06	0,18	0,31	0,46	1,84
China	0,06	0,09	0,31	0,39	1,20	6,98
Welt	**1,35**	**2,87**	**10,99**	**21,90**	**32,20**	**70,00**

Quellen: St. Jb. 1972; Internationale Übersichten: 127.
http://de.wikipedia.org/wiki/Liste_der_Länder_nach_Bruttoinlandsprodukt. Stand: 1. Hälfte 2012.
www.imf.org/International Monetary Found: Gross domestic product, current prices.

Der Wert des BIPs der USA von heute drückt immer noch die wirtschaftliche Macht von damals aus, als 60 Mio. von 100 Mio. Autos auf der Welt in den USA fuhren. Zum Vergleich: In China fuhren 1960 nur etwa 30.000 Autos (St. Jb. 1962; Internationale Übersichten: 97).

7.5 China als neue Wirtschaftsmacht

Heute haben sich diese Machtverhältnisse verschoben. Die Zahlen des Welt-BIP spiegeln dies noch nicht adäquat wider. Inzwischen ist China mit einem BIP von fast 7 Bio. US-Dollar die zweitgrößte Wirtschaftsmacht der Erde. Bis es die Nummer eins ist, dürfte nur noch eine Frage der Zeit sein. Noch sind chinesische Produkte in Europa und Amerika nicht so gefragt wie z. B. in Südamerika oder in Afrika. Aber diese Sicht ist verzerrt, da viele europäische und amerikanische Firmen ihre Produkte in China oder anderswo in Asien fertigen lassen.

Tab. 26 Produktion von ausgewählten Industrierohstoffen oder Gütern der 10 führenden Erzeugerländer 2009 in Mio. t, Mio. Stück oder Mrd. m³

Land	Kohle	Erdöl	Erdgas	Eisen-erz	Natur-phos-phat	Roh-eisen	Roh-stahl	Alu-min-ium	Autos
China	3.050	189	85	880	60	544	568	13	8.4
Indien	558	x	x	213	x	51	63	1	x
USA	937	325	593	26	27	18	58	2	5.6
Brasilien	x		x	327	6	25	27	2	3.0
Russland	298	494	528	92	10	44	59	4	x
Japan	x	x	x	x	x	67	88	x	6.9
Südkorea	x	x	x	x	x	28	49	x	x
Deutschl.	184	x	x	x	x	20	33	x	5.0
Frankr.	x	x	x	x	x	x	x	x	1.8
Italien	x	x	x	x	x	x	x	x	0.7
UK	x	x	x	x	x	x	x	x	1.0
Welt	**6.940**	**3.821**	**2.987**	**2.248**	**159**	**954**	**1.224**	**37**	**51.1**

Quelle: St. Jb. 2011: 711.

Im Jahr 2009 wurden in China mit 8,4 Mio. Fahrzeugen weltweit die meisten Autos hergestellt (Japan 6,9 Mio., USA 5,6 Mio., Deutschland 5 Mio. und Brasilien 3 Mio.; St. Jb. 2011: 711). Auch wenn nicht alle Fahrzeuge in chinesischen Fabriken chinesische Fabrikate sind, so sind doch immer chinesische Lizenzpartner beteiligt. Über 50 % der Autoteile müssen in China gefertigt werden, sonst gibt es keine Lizenzen (Sieren 2005).

Auch in der Produktion von wichtigen Rohstoffen wie Eisenerzen, Roheisen, Rohstahl, Aluminium, Naturphosphaten und Kohle liegt China weit vorne. Ähnlich wie bei der Produktion von Nahrungs- und Genussmitteln wie Kartoffeln, Weizen, Reis, Schweinefleisch, Tomaten, Äpfeln, Tabak oder Tee (St. Jb. 2011: 708, 711).

China ist aber nicht nur in der Nahrungs- und Genussmittelproduktion, sondern auch in der Elektronikproduktion vorne. So kamen allein in den ersten 10 Monaten des Jahres 2010 792 Mio. Handys aus China. Das sind 76 % der globalen Produktion. Weiterhin kamen 153 Mio. Notebooks, 45 Mio. PC, 1,8 Mio. Server, 112 Mio. Monitore, 52 Mio. Drucker, 95 Mio. TV-Geräte und 76 Mio. Digitalkameras aus China (Kern 2010). Die japanische Elektroindustrie, einstmals weltführend, hatte 2011 Verluste in Höhe von einigen Milliarden Euro hinnehmen müssen (Germis 2012).

Tab. 27 Produktion ausgewählter Nahrungsmittel einzelner Staaten 2009 in 1.000 t

Land	Schweine-fleisch	Rind-Fleisch	Hühner-fleisch	Milch	Soja-bohnen	Weizen	Mais	Reis
China	49.874	6.370	11.443	39.946	14.981	115.115	164.108	196.681
Indien	481	2.313	680	112.114	10.050	80.680	16.680	133.700
USA	10.442	11.891	16.334	85.859	91.417	60.314	333.011	9.972
Brasilien	2.924	9.395	9.940	29.256	57.245	5.056	51.232	12.652
Russland	2.169	1.741	2.313	32.562	944	61.740	3.963	913
Japan	1.310	517	1.394	7.909	230	674	x	10.593
Südkorea	1.000	283	498	2.226	139	11	77	7.023
Deutschl.	5.265	1.143	786	27.972	1	25.190	4.527	x
Frankr.	2.004	1.467	1.039	24.218	110	38.332	15.288	138
Italien	1.588	1.058	822	13.063	468	6.341	7.878	1.500
UK	720	850	1.463	13.237	x	14.379	x	x

Quelle: St. Jb. 2011: 708.

Diese Zahlen und Tabellen verdeutlichen den rasanten wirtschaftlichen Wandel in den letzten gut 50 Jahren. Und sie sollen auch aufzeigen, dass immer noch der Warenhandel ein unbestechlicher Gradmesser für die Währung und den Wohlstand eines Landes ist. Daran ändern auch eine kurzfristig aufgeblähte Kreditwirtschaft oder Geldmenge nichts.

Tab. 28 Produktion von weiteren Nahrungs- und Genussmitteln sowie von Salz einzelner Staaten 2009 in 1.000 t

Land	Salz	Kaffee	Tee	Kartoffeln	Äpfel	Tabak	Tomaten	Zucker
China	58.451	x	1.375	73.282	31.684	3.067	43.366	16.194
Indien	23.951	290	800	34.391	1.795	620	11.149	25.000
USA	46.000	x	x	19.569	4.514	373	14.142	7.394
Brasilien	6.800	2.440	x	3.444	1.223	863	4.310	33.252
Russland	x	x	x	31.134	1.596	x	x	x
Japan	x	x	86	2.398	x	x	x	x
Südkorea	x	x	x	640	x	x	x	x
Deutschl.	16.872	x	x	11.618	x	x	x	4.160
Frankr.	6.000	x	x	7.226	1.954	x	x	3.972
Italien	x	x	x	1.753	2.313	119	6.877	x
UK	x	x	x	6.423	x	x	x	x
Welt	**266.700**	**8.343**	**3.950**	x	**71.287**	**7.193**	**152.956**	**162.572**

Quelle: St. Jb. 2011: 708, 712.

7.6 Die aufgeblähte Kreditwirtschaft

Im 20. und 21. Jahrhundert wurden die Formen der Kreditmöglichkeiten weiter ausgedehnt. Vor allem das virtuelle Geld und das Buchgeld haben zugenommen. Eine vergleichsweise harmlose Spielart der Ausweitung des Kreditwesens war der Ratenkredit, bei dem ein Produkt hinter dem Kredit steht. Als Konsumkredit wurde er z. B. in Deutschland in den 1950er Jahren eingeführt (www.wikipedia.de).

Kritisch wurde die Ausweitung des Kreditwesens durch die Ablösung von Krediten durch andere Kredite und durch die Gewährung von hohen Bau- oder Konsumkrediten ohne Eigenkapital. Hier rückte der eigentliche Wert der Ware oder auch die Absicherung des Krediterm durch Eigenkapital in den Hintergrund. War die Kreditvergabe in Deutschland durch die Banken noch vergleichsweise restriktiv, so wurde sie in anderen Ländern nach und nach gelockert.

Zum Teil müssen in den USA jetzt noch die Schulden des *New Deal* aus den 1930er Jahren bezahlt werden. In den USA hatte Präsident Franklin D. Roosevelt (1882-1945) in den 1930er Jahren neue Finanzierungsprojekte ins Leben gerufen, um aus der damaligen Weltwirtschaftskrise herauszukommen. Die Roosevelt-Administration schuf neben Sozialstaatsgesetzen, Arbeitsbeschaffungsmaßnahmen wie den Bau von Staudämmen oder Straßen 1938 die *Federal National Mortgage Association (Fannie Mae)*. Zu Beginn war sie eine staatliche Institution mit dem Ziel, für Liquidität am Hypothekenmarkt zu sorgen, denn in der Wirtschaftskrise der 1930er Jahre hatten viele ihr Eigenheim verloren. *Fannie Mae* kaufte den Banken ihre Kredite ab. Sie übernahm das Risiko und refinanzierte sich über den Finanzmarkt, in dem sie die Kredite „verbriefte". Sie machte aus ihnen Wertpapiere und handelte diese an der Börse. Da *Fannie Mae* von der US-Regierung gestützt wurde, war das Risiko quasi auf den US-Bundesstaat übertragen worden. So unterstützte diese jahrzehntelang den privaten Wohnungsmarkt. Damit war der Anfang gemacht von einer schleichenden Verschiebung der Risiken der Privatwirtschaft auf den US-Bundesstaat, da diese Art der Absicherung von Privat- und Bankenrisiken mit der Zeit immer weiter ausgeweitet wurde. *Fannie Mae* wurde 1968 in ein Privatunternehmen mit besonderem staatlichen Schutz umgewandelt.

Waren unter Roosevelt die Kreditvergabe-Praktiken noch relativ restriktiv, so wurden die Vorschriften der Kreditvergabepraxis über die Jahrzehnte immer weiter gelockert. Auch Kunden ohne Eigenkapital und Sicherheiten bekamen Baukredite, so genannte „Subprime"-Kredite. Das sind Kredite hinter denen keinerlei Werte mehr standen. Zudem wurde es immer üblicher, Kredite auf Kredite zu gewähren oder Kredite nicht nur auf Hypotheken zu verbriefen, sondern auch auf Autos, Kreditkarten oder Leasingverträge. Hiermit konnten die Banken dann an der Börse handeln (Münchau 2008: 72ff, 103).

Es gab andere Arten das Kreditgeschäft zu erhöhen, wie z. B. durch komplizierte Derivatgeschäfte. Auch ältere Menschen wurden angehalten, ihr Sparbuch in ein Derivat-Geschäft zu stecken. Dieses war so kompliziert, dass die meisten es nicht verstanden. Oft lief es darauf hinaus, dass für ein Sparguthaben das Fünffache zusätzlich an Krediten aufgenommen wurde und man damit bei einem Hedgefonds für etwas bürgte, wie z. B. für die Sicherheit der Staatsanleihen von Paraguay (Münchau 2008).

Nicht nur das Risiko wurde immer mehr dem Staat aufgebürdet, sondern auch die Bewertung des Risikos wurde weiter verschoben: Man überließ die Bewertung der Kredite den neu eingerichteten Rating-Agenturen. Werden die Kredite von ihnen schlecht bewertet, dann verliert die Bank Geld und das Vertrauen in die Kredite schwindet. Die Bank kann diese Kredite nur noch zu einem schlechteren Preis verkaufen. Waren die Kredite gar nicht mehr zu verkaufen, dann haben die Banken eine Zweckgesellschaft gegründet, damit die Kredite ausgelagert werden konnten und sie in den Bilanzen der Bank nicht mehr auftauchten. Auch Staaten bedienten sich solcher Maßnahmen. Für die Bundesrepublik waren das so genannte „Sondervermögen der Bundesbank", die dann in den volkswirtschaftlichen Bilanzen nicht mehr erschienen (Münchau 2008: 67).

Der Soziologe Georg Simmel (1858-1918) erarbeitete in seinem Aufsatz „Das Geld in der modernen Kultur" (1896) neben der Tausch- und Kreditfunktion auch noch andere Funktionen des Geldes heraus. Simmel ging davon aus, dass das Geld in einer Geldwirtschaft immer stärker in den Mittelpunkt rückt und die funktionalen Aspekte menschlicher Beziehungen verstärkt. Zudem würden immer mehr Mittel aufeinandergeschichtet und der eigentliche Zweck drohe in den Hintergrund zu geraten. Simmel bemerkte, dass das späte Athen und das späte Rom wie auch die Moderne die Kultur auf das Geld ausgerichtet hätten. Dadurch würden zwar immer mehr Dinge durch Geld erreichbar werden, aber man würde oft übersehen, dass die Dinge des wirtschaftlichen Verkehrs auch noch unbezahlbare Seiten hätten. Er führte darauf auch die Inhaltslosigkeit des modernen Lebens zurück, die am Eigentlichen, am Unbezahlbaren vorbeigehen würde. Dieses Unbezahlbare sieht er im persönlichen Zweck, in einer persönlichen Beziehung und in einer persönlichen Betätigung. Außerdem betonte Simmel, dass durch die Geldwirtschaft eine gewisse Gier, ein permanentes Glücksverlangen und eine gespannte Begehrlichkeit erzeugt würden, denn die Sucht nach dem Mittel Geld ließe eine Unruhe, Fieberhaftigkeit und Pausenlosigkeit entstehen (Simmel 1983: 78-94).

7.7 Die Grundlagen für die Zukunft

In der Wirtschaft der Zukunft wird es noch mehr um Zusammenarbeit gehen. Regionen, Nationen und Kulturräume werden sich verstärkt vernetzen. Es wird auch darum gehen, Wissen effizienter auszutauschen und nutzbar zu machen. Dabei wird die Zusammenarbeit zwischen den Menschen innerhalb der genannten Räume zunehmen (Händeler 2010; Video auf *youtube*, Statement von dem Zukunftsforscher Erik Händeler auf der 11. Fachmesse für Personalmanagement, veranstaltet vom HRMResearchInstitute Mannheim).

In der Weltgesellschaft der Zukunft wird es verstärkt auf Bewusstseinsarbeit ankommen. Hier sind so unterschiedliche Gebiete und Formen angesprochen wie das Gesundheitswesen, der künstlerische Austausch zwischen den verschiedenen Kulturräumen und die angesprochene Wissensvermittlung.

Etliche Schwierigkeiten liegen darin, dass Bewusstseins- und Kulturarbeit im Moment nicht adäquat bezahlt wird. Diese Leistungen werden quasi als selbstverständlich hingenommen. Das betrifft in Deutschland sowohl die Kunst als auch die Sozial-, Geistes- und Kulturwissenschaften und auch die Kulturinstitutionen und die Kulturverwaltung, deren finanzielle Ausstattung in den letzten 20 bis 30 Jahren stark reduziert worden ist - mit den entsprechenden Folgen.

Neues Denken, Kreativität, Struktur, Klarheit und Orientierung sind Teilaspekte von Bewusstseinsarbeit. Die Philosophie entwickelt die neuen Leitwerte, die Kunst erschafft das emotionale Fluid, indem sie die neuen Leitwerte emotional umsetzt in Farben, Formen, Geschichten, Klänge und auch in Form von materiellen Symbolen wie Gebäuden. Die Kultur-, Geistes- und Sozialwissenschaften erzeugen Klarheit und geben Orientierung, sie arbeiten die neuen Leitwerte für die Verwaltung und die Politik auf. Diese können dann entsprechend handeln.

Diese Bewusstseinsarbeit erzeugt das emotionale und geistige Fluid und die emotionale und geistige Einheit, welche Voraussetzungen sind für Vertrauen und Stabilität innerhalb eines Kulturraumes. Auf dieser Vertrauensbasis funktionieren die Geld- und Kreditwirtschaft und damit das gesamte Wirtschaftssystem. Das emotional und geistig umgesetzte neue Denken schafft auch Voraussetzungen für Neuerungen im Bereich von Technik, Wirtschaft und Ingenieur- und Naturwissenschaften.

Es wird neue Modelle geben müssen, damit auch räumlich periphere Kulturen ihre Werte in den Wirtschaftskreislauf einbringen können. Laut Pierre Bourdieu (1930-2002) sind neben materiellen Werten andere Werte immer wichtiger: soziale Anerkennung, Beziehungen, Wertschätzung, ein Lächeln, Freude, Begeisterung, Gemeinschaft, Nähe. Bourdieu spricht vom „kulturellen und sozialen Kapital" (Bourdieu 1983). Joseph Beuys (1921-1986) hatte schon vom „kreativen Kapital" gesprochen, wenn er in seiner berühmten Formel „Kunst = Kapital" die Kunst mit dem Kapital gleichgesetzt hat. Man könnte auch von dem fünften Produktionsfaktor „Kreativität" sprechen, neben den vier anderen: Arbeit, Kapital, Boden und Information.

Da heute alles verstärkt den medialen Austausch- und Kommunikationsprozessen unterliegt, werden die Leistungen und die Werte von Firmen und Dienstleistern immer mehr hinterfragt. Dadurch sind sie mehr und mehr gezwungen, ihre Leistungen medial darzustellen und in Form eines marktfähigen Angebotes anzubieten. Geschichten und Images werden so mehr und mehr zum ausschlaggebenden Faktor für den Markterfolg. Denn schöne Bilder und Geschichten sind es, die den Wert von Produkten und Dienstleistungen, die Nachfrage und Begehrlichkeit danach und damit auch den Preis immer mehr bestimmen. Der Wert eines Produkts wie z. B. einer Marke wie Mercedes-Benz besteht auch aus der Vielzahl an Erfolgsbildern, die es produziert hat, wie Rennsiege, Filme, Sportwagen oder den Bildern von Staatslimousinen oder von Stars, die ein solches Auto fuhren. Hinzukommen Bilder oder Geschichten von Langlebigkeit, von neuen Technologien wie der Sicherheitsfahrgastzelle, der Knautschzone, dem ABS oder dem ESP. Dass es sich bei Mercedes-Benz um die erste Automarke am Markt überhaupt handelte, ist auch wesentlich in der Wahrnehmung der Verbraucher (Ries, Ries 2005). Die Möglichkeit der Identifikationsfläche mit dem Produkt als ein modernes Erfolgsprodukt muss sehr breit sein (Antwerpers, Sarah 2011: 31ff).

Zu den Werten, welche andere Kulturen einbringen können, gehört das Leben im Einklang mit der Natur. Ein Teilhaben daran ist für den Westen längst möglich: exotische Früchte, die Schönheit der Bergwelten, die Schönheit von Küstenlandschaften oder von Inselparadiesen, die Wunder der Tier- und Pflanzenwelt, das traditionelle Leben der Einheimischen, die Schönheit eines Lebens im Einklang mit der Natur - alles dieses wird in den Bewusstseinswandel mit eingebracht werden in nachhaltiger und umweltverträglicher Form. Der Westen wird teilhaben lassen an seiner Welt der Technik und der Osten an seiner Freude am Leben und an seinem Wissen über ein Leben ohne Hektik und Stress.

Wie hervorgehoben, nähert sich das Wirtschaftssystem immer mehr der Kunst an. Viele Aspekte aus dem Bereich der Kunst sind schon im Wirtschaftsleben verankert wie Kreativität, Sinnstiftung, Nachhaltigkeit, Interdisziplinarität, Interkulturalität, Intuition, Emotion und die Vereinigung von Gegensätzen. Damit läuft die Entwicklung in die Richtung, die Martin Heidegger (1889-1976) vorhergesehen hat, dass sich die Wirtschaft immer mehr der Kunst annähert, immer stärker die Kunst zum Ausgangspunkt nimmt, wobei hier Wirtschaft und Technik gleichgesetzt werden (Heidegger 1994: 38): „Einstmals trug nicht nur die Technik den Namen τέχνη. Einstmals hieß τέχνη auch jenes Entbergen, das die Wahrheit in den Glanz des Scheinenden hervorbringt. Einstmals hieß τέχνη auch das Hervorbringen des Wahren in das Schöne."

III. Einigendes und Förderndes

8.0 Kommunikation im Politik- und Wirtschaftsbereich

Das Zusammenwachsen der Weltgesellschaft wird in atemberaubendem Tempo auf allen Ebenen ablaufen und in den Kulturräumen auf politischer, wirtschaftlicher, wissenschaftlicher, künstlerischer oder privater Ebene zu großen Veränderungen führen.

Die Kommunikation zwischen Computern kann die Kommunikation zwischen Menschen nicht ersetzen. Dabei geht es vor allem um Prozesse der Bewusstwerdung und der Einheit. Da die Komplexität auf allen Ebenen zunehmen wird, national, international, privat oder beruflich, wird ein „Werkzeug" benötigt, was mit dem rasanten Tempo der Wissensentwicklung Schritt halten kann. Dabei kommt dem Runden Tisch große Bedeutung zu. In naher Zukunft wird es nicht nur um Großprojekte gehen, wie beim Atomausstieg oder wie bei „Stuttgart 21", deren Komplexität so hoch ist, dass man einen Runden Tisch benötigt. Diese Komplexität wird vermehrt auch den Einzelnen sowie Kleinunternehmen betreffen. Es wird eine „repräsentative Demokratie PLUS" benötigt, damit sich die wachsende Komplexität überhaupt noch in angemessenen Zeiträumen bearbeiten und mental von den Bürgerinnen und Bürgern begreifen lässt.

Es wird darauf ankommen, möglichst schnell sehr viel Wissen aus unterschiedlichen Fachbereichen zu verarbeiten. Die Region oder das Unternehmen, dem das am Besten gelingt, wird in Zukunft vorne sein. Will man heute aktiv im Bereich von Wirtschaft und Technologie global mitspielen, dann muss es gelingen, komplexe Fragestellungen schnellstmöglich einer sinnvollen Lösung zuzuführen. Wissen aus verschiedenen Fachbereichen ist in immer kürzerer Zeit zusammenzuführen als Voraussetzung für Innovationen. Dafür ist das Instrument Runder Tisch besonders gut geeignet, ist es doch auch eine Möglichkeit, um Expertenwissen aus verschiedenen Fachbereichen in kommunikativen Austauschprozessen zusammenzuführen. In dieser Perspektive ist der Runde Tisch ein Instrument der Kreativität.

8.1 Schwierigkeiten bei der Kommunikation zwischen Menschen

Im Industrie- und Informationszeitalter haben die Menschen über Sachaspekte kommuniziert oder haben Computer miteinander kommunizieren lassen. Auch wenn es um „die Sache" geht, sitzen gleichwohl die Wahrnehmungen, Gefühle, Bedürfnisse und Interessenlagen aller Beteiligten mit am Tisch. Vor allem bei persönlichen Gesprächen ist dies von Bedeutung, aber auch bei Gesprächen zwischen politischen Interessensvertretern von Belang.

Die Kommunikation zwischen Menschen unterliegt vielfältigen Beschränkungen, dazu gehören u. a. biologische, sprachliche, soziale, kulturelle und zeitlich-räumliche Beschränkungen. Der Mensch als biologisches Wesen unterliegt körperlichen, geistigen und psychischen Bedingungen. Auch soziale Schranken spielen in jede zwischenmenschliche Kommunikation mit hinein. Sie können ein hierarchisches Element enthalten oder ein Herkunftsmerkmal wie adelige oder nicht adelige Geburt. Soziale Schranken können sich aber auch auf andere Ebenen beziehen: auf den Sprachmodus, die Kleidung, den Lebensstil und auf finanzielle Unterschiede. Auch verschiedene kulturelle Räume, eine andere Muttersprache, eine divergierende Fachausbildung sowie eigene Lebenserfahrungen führen zu unterschiedlichen Sichtweisen auf die Welt. Dies muss nicht, kann aber zu Irritationen und zu Missverständnissen in kommunikativen Prozessen führen.

Oft nehmen sich die Menschen keine Zeit, sich über ihre Bedürfnisse und über die der anderen klar zu werden. Oder sie können ihre Interessen und Bedürfnisse nicht verbalisieren. Vielleicht fürchten sie auch, den anderen zu überfordern oder zu verletzen.

Bei einer gelungenen zwischenmenschlichen Kommunikation geht es auch darum, seine eigenen Bedürfnisse, Interessen und Gefühle genau zu kennen, diese zu kommunizieren sowie die der anderen zu verstehen und zu akzeptieren. Es geht darum, wertfrei zu kommunizieren, die Leistungen der anderen, wie auch ihre Gefühle und Bedürfnisse, nicht herabzusetzen. Für die eigene Person und ihre Bedürfnisse und Gefühle sollte gleiches gelten.

8.2 Verbesserung der zwischenmenschlichen Kommunikation durch Runde Tische

Das Modell des Runden Tisches sollte im Idealfall das Wesentliche herauskristallisieren aus den verschiedenen Perspektiven der Teilnehmer, die sich auf der oberen Skala einer Fachwissenschaft befinden und so helfen, schnell zu tragfähigen und sinnvollen Entscheidungen zu kommen. Der Runde Tisch ist die Teilhabe jedes Einzelnen am großen Wissensnetz der anderen Personen.

In der Umbruchzeit in Osteuropa 1989/1990 als sich aus den Vasallen-Staaten der ehemaligen Sowjetunion demokratisch legitimierten Staaten entwickelten, kam der Runde Tisch vielfach zum Einsatz, wie z. B. in Polen oder in der ehemaligen DDR, stellenweise mit bis zu 57 Personen (wikipedia.de). Seine wichtigste Funktion war die Wiederherstellung von Vertrauen und die direkte Kommunikation zwischen den Interessensvertretern.

Als ein aktuelles Beispiel für einen Runden Tisch kann der Einsatz von Heiner Geißler im Herbst 2011 als Schlichter und Moderator bei dem Themenkomplex „Stuttgart 21" angeführt werden, einem komplexen Projekt, bei dem unterschiedlichste Aspekte eine Rolle gespielt haben. Es ging darum, dass Stuttgart an das europäische Schnellbahn-Netz angebunden werden sollte sowie um eine schnellere Anbindung des Hauptbahnhofs an den Stuttgarter Flughafen. Da dieses Projekt im Herzen der Landeshauptstadt Stuttgart lag, aber niemals mit den Bürgern der Stadt richtig kommuniziert worden war, kam es zu massiven Protesten, als für die Stuttgarter Bürger überraschend der Seitenflügel ihres Kopfbahnhofes abgerissen wurde und im Schlosspark Bäume gefällt wurden. Es kam zu Übergriffen seitens der Demonstranten und auch seitens der Polizei und zu über hundert Verletzten. In dieser aufgeheizten Atmosphäre wurde als Schlichter Heiner Geißler eingesetzt.

Heiner Geißler gelang es in nur 8 Sitzungen und innerhalb von drei Monaten, diese komplexe Situation zu entschärfen, aufzuarbeiten, allen Beteiligten Gehör zu verschaffen und das Projekt einer Lösung zuzuführen, die von allen Beteiligten im Wesentlichen akzeptiert werden konnte. Geißler hat „Stuttgart 21" erweitert auf „Stuttgart 21 Plus". Umfassende Verbesserungen machten sein Konzept „Stuttgart 21 Plus" für viele Menschen akzeptabler. Komplexe Kenntnisse über Tunnel- und Wasserbau, Brand- und Umweltschutz, Städtebau,

Architektur, Bahnwesen, Informatik, Bürgerbeteiligungen, politische Willensgestaltung und der Umgang mit den Medien waren erforderlich, um diese Lösung möglich zu machen. Das Beispiel „Stuttgart 21" zeigt, wie es gelingen kann mit Hilfe des Runden Tisches sehr schnell Problemlagen aufzuarbeiten, die über längere Zeit nicht richtig aufgearbeitet worden waren. Zudem zeigt dieses Beispiel, dass heute immer häufiger unterschiedliche Fachgruppen benötigt werden, um komplexe Probleme aufarbeiten zu können. Ein Einzelner kann dies nicht mehr alleine in der notwendigen Geschwindigkeit tun.

Die zwischenmenschliche Kommunikation ist ein schwieriges Feld und nur unzureichend erforscht. Es gibt sehr unterschiedliche Situationen für die zwischenmenschliche Kommunikation. Einmal gibt es die eher sachorientierten und zum anderen die eher emotionalen Gespräche. Meistens spielen beide Aspekte eine Rolle. Der Runde Tisch ist nicht für alle zwischenmenschlichen Kommunikationssituationen geeignet. Er steht für eine eher sachorientierte Kommunikation, bei der viele unterschiedliche Fachrichtungen berücksichtigt werden müssen. Es gibt viele zwischenmenschliche Kommunikationssituationen, die anders strukturiert und stärker emotional eingefärbt sind wie der Streit zwischen Ehepartnern, Freunden oder Verwandten. Stark emotional eingefärbt, aber dennoch etwas nüchterner sind Streitigkeiten zwischen Geschäftspartnern und Kollegen. Sachlicher, aber dennoch emotional berührend sind die Gesprächssituationen zwischen Vorgesetzten und Mitarbeitern. Meistens ist in den eher emotional geprägten Kommunikationssituationen kein Schlichter vorhanden, der den Kommunikationsprozess steuern könnte, was manchmal vielleicht hilfreich wäre.

8.3 Regeln für den zwischenmenschlichen Dialog am Runden Tisch

Der Runde Tisch ist ein probates Mittel, um schwierige Situation möglichst schnell aufzuarbeiten und sie einer Lösung zuzuführen, die alle akzeptieren können. Entscheidender Unterschied zu anderen Formen der zwischenmenschlichen Kommunikation ist die Funktion des Schlichters. Er regelt den Kommunikationsprozess und hat die Aufgabe, eine Lösung zu erarbeiten, die jede Seite akzeptieren kann. Der Runde Tisch darf nicht als Instrument zur Verzögerung von Entscheidungen eingesetzt werden.

Auf Grund der Bedeutung für Wirtschaft und Gesellschaft in der Bundesrepublik Deutschland und darüber hinaus wird hier ausführlicher auf die Regeln für den Runden Tisch eingegangen.

Ähnlich wie es einen Runden Tisch beim Sicherheitsrat der Vereinten Nationen gibt, wird es in Zukunft vermehrt Runde Tische auf allen Ebenen geben. Sie werden insbesondere bei der Verständigung zwischen den verschiedenen Ländern und Kulturräumen eine wichtige Rolle einnehmen und einen Wandel durch Annäherung einläuten.

Auch aus diesem Grunde ist es wichtig, dass an Schulen, Universitäten und in der Weiterbildung der Umgang mit diesem „Werkzeug" verstärkt geübt wird. Die anstehenden Veränderungen werden zu mehr zwischenmenschlicher Kommunikation unter den verschiedenen Kulturräumen führen, nicht nur auf der höchsten politischen Ebene, sondern für viele Menschen, ob privat oder beruflich.

Der Runde Tisch ist auch ein Instrument, um Kreativität zu steigern. Denn er extrahiert und führt unter Leitung des Moderators Wissen aus unterschiedlichen Disziplinen zusammen, um eine neue Lösung zu finden. Dies ist aber ein wesentlicher Aspekt von Kreativität.

Regeln für den Runden Tisch
Normalerweise gibt es zwei Gruppen mit ihren Vertretern, die jeweils an einem „Runden Tisch" und unter der Leitung eines Moderators zusammenkommen.

Es sollten zwischen 5 bis 20 Vertreter von bestimmten gesellschaftlichen Gruppen an einem Runden Tisch sitzen; die Sachlage muss angemessen repräsentiert sein. Dazu kommt ein Moderator. Der Moderator hat verschiedene Aufgaben. Idealtypisch gesehen sollte die Diskussion wertfrei, machtfrei und hierarchiefrei verlaufen und zudem sollten zeitliche, räumliche und finanzielle Aspekte keine Rolle spielen. Außerdem ist eine Diskussion idealerweise ein Abfolgen von Zweiergesprächen. Die Diskussionsteilnehmer, die gerade nicht reden, hören solange zu, bis sie selbst an der Reihe sind, ein Zweiergespräch zu führen, entweder mit dem Moderator oder mit einem der Teilnehmer. Darüber hinaus muss der Moderator sicherstellen, dass

- das Gespräch sach- und dialogoffen bleibt, niemand persönlich angegriffen, beleidigt oder bedroht wird sowie die Gefühls-, Interessens- und Bedürfnislage aller Beteiligten angemessen berücksichtigt wird;
- nur eine Person das Wort hat und die Sachlage strukturiert abgearbeitet wird. Der gerade zu behandelnde Aspekt muss allen Beteiligten bekannt sein. Der Moderator sorgt dafür, dass jeweils nur ein Aspekt diskutiert wird;
- die Situation in einzelne Bausteine zerlegt und diese dann nacheinander abgearbeitet werden. Er muss die Marschroute zur Bearbeitung der komplexen Situation festlegen und jedem deutlich machen, an welcher Stelle im Bearbeitungsprozess man sich gerade befindet. Allen Beteiligten müssen die einzelnen Bausteine zur Bearbeitung der komplexen Situation klar sein;
- gegebenenfalls externe Referenten eingeladen werden, damit sie einen Sachverhalt erläutern können;
- nur zum vorgegebenen Thema gesprochen wird. Falls neue Aspekte auftauchen, müssen diese zu einem späteren Zeitpunkt berücksichtigt werden und dann zu einem sinnvollen neuen Gesprächspunkt werden;
- notwendige Zusammenfassungen den Stand der Diskussion festhalten;
- er jedem Teilnehmer genug Zeit einräumt, um seine Sicht der Dinge darzulegen. Bei bestimmten Fragestellungen wird dies einer der Anwesenden am Besten tun können. Die Bitte um einen Vortrag zu einem bestimmten Themenfeld muss dem entsprechenden Teilnehmer vom Moderator angekündigt werden, damit dieser sich darauf vorbereiten kann;
- nach einem Vortrag entsprechende Fragen der übrigen Teilnehmer bzw. deren Einwände angehört werden;
- notwendige Pausen eingehalten werden;
- nach Aufarbeitung der Sachlage das Ganze einem Ergebnis zugeführt wird. Dabei muss er mit den verschiedenen Vertretern der einzelnen Interessensgruppen das Ergebnis besprechen und mit ihnen verhandeln, ob sie mit dem Ergebnis einverstanden sind oder unter welchen zusätzlichen Bedingungen sie einverstanden sind oder welche Tatbestände sie gerne anders sehen würden. Am Ende muss der Moderator sein Ergebnis der Gruppe präsentieren. Dieses Ergebnis muss konkrete Handlungsanweisungen beinhalten.

Neben diesen Aspekten ist es Aufgabe des Moderators folgende Gesichtspunkte zu beachten:
- Jedem werden berechtigte Interessen zugebilligt;
- Es wird angenommen, dass jeder zum Gelingen des gemeinsamen Zieles beitragen möchte. Dieses muss zuvor klargestellt bzw. herausgearbeitet worden sein;
- Die positiven Aspekte einer Angelegenheit werden betont. Zu den negativen Aspekten, den Auswüchsen oder extremen Entwicklungen kann der Betroffene Stellung nehmen;
- Das Vermeiden von extremen Formulierungen; keine Beschimpfungen oder Beleidigungen der Beteiligten untereinander; keine Drohungen, Verletzungen oder Verunglimpfungen; keine Vorwürfe; keine Bewertungen; kein Unterstellen einer bösen Absicht;
- Das Vermeiden von Fach- und Fremdwörtern, es sei denn diese sind unbedingt erforderlich; dann müssen sie erläutert werden;
- Die Ausführungen müssen so erfolgen, dass auch ein Zwölfjähriger sie verstehen kann;
- Die verschiedenen Aspekte einer Angelegenheit werden nacheinander abgearbeitet.

Daneben kommt den Moderator die Aufgabe zu, den Fortlauf der Diskussion zu organisieren. Er muss:
- jeden zu Wort kommen lassen;
- der Diskussion eine andere Richtung geben, wenn sie vom Thema abweicht oder nur noch Wiederholungen des schon Gesagten mit anderen Worten erfolgen;
- kenntlich machen, um welche Art von Beitrag es sich gerade handelt bzw. wann dieser zu Ende ist. Es gibt verschiedene Arten von Beiträgen durch die Teilnehmer, die der Moderator einfordern kann: Fachvorträge mit anschließender Möglichkeit der Fragestellung an den Vortragenden bzw. das Abklopfen der Empfindungen und Wahrnehmungen der Teilnehmer bezüglich der Ausführungen des Vortragenden. Dazu gehört die Möglichkeit einer ausgewogenen Darstellung der Sichtweise beider Gruppen auf die Sachlage. Der Moderator kann die Sichtweise externer Referenten und Fachexperten einfordern.
- seinen Schiedsspruch in Absprache mit den beteiligten Gruppen durchführen. Bevor er seinen Schiedsspruch vorstellt, kann er um ein Plädoyer der Teilnehmer (ca. 5 Minuten) bitten.

Bei dem Modell des Runden Tisches ist es notwendig, dass versammelte Fachwissen zu teilen. Dazu müssen die einzelnen Teilnehmer einen kurzen Vortrag halten können. Dabei dürfen sie nicht ständig unterbrochen werden. Nachfragen bei begrifflichen oder inhaltlichen Unklarheiten müssen erlaubt sein. Danach muss es die Möglichkeit geben, die Vortragenden nach einzelnen Aspekten ihrer Ausführung zu fragen oder anzuführen, warum man bestimmte Aspekte anders sieht. Aber während der Ausführungen dürfen die einzelnen Teilnehmer nicht unter Druck gesetzt werden, auch wenn ihre Ausführungen einmal bis zu drei Stunden dauern.

Es ist immer noch schneller in 8 bis 12 Tagen eine komplexe Sachlage aufzuarbeiten, als dass die Gruppen längere Zeit nebeneinander her arbeiten, nicht kommuniziert wird und deshalb wichtige Aspekte auf Grund von Fachblindheit übersehen werden.

Es gibt kaum ein anderes Instrument, mit dem man so schnell komplexe Fragestellungen aufarbeiten kann wie mit dem Runden Tisch. Mit Hilfe eines geschulten Moderators gelingt es, Diskussionen effizient zu gestalten. Darum wird das Modell des Runden Tisches in Zukunft auch für Unternehmen interessant sein und vielfach Einzug halten. Da Problemstellungen heute sowohl gesellschaftliche, künstlerische, philosophische, kulturelle, ökonomische, ökologische, informations-, ingenieur- und naturwissenschaftliche Fragestellungen berühren, ist es wichtig, dass die verschiedenen Gruppen in Unternehmen einen entsprechenden Experten haben. In den Unternehmen der Zukunft wird es also nicht nur Ingenieure, Naturwissenschaftler, Designer, Marketing-Experten, Informatiker und Wirtschafts- und Rechtswissenschaftler geben, sondern auch Vertreter der Kunst- und Kultur-, Geistes- und Sozialwissenschaften. Mit Hilfe der Vertreter unterschiedlicher Fachbereiche sowie neuer firmeneigener Mitarbeiter, welche mehr den sozialen und kulturellen Bereich vertreten, wird es gelingen, komplexe wirtschaftliche und gesellschaftliche Problemstellungen aufzuarbeiten und in kürzester Zeit einer sinnvollen Lösung zuzuführen.

Heute lassen sich ökonomische, soziale, politische, wissenschaftliche und ökologische Fragestellungen kaum mehr voneinander trennen. Wichtige Weichenstellungen für ein Unternehmen, für eine Region und für eine Gesellschaft lassen sich heute häufig nur noch gemeinsam finden. Dies dient auch der Akzeptanz.

Bei „Stuttgart 21" war es auf Grund der Schwere des gesellschaftlichen Konfliktes sogar notwendig, eine Volksbefragung im Land Baden-Württemberg durchzuführen, um die Akzeptanz bei der Bevölkerung für diese Entscheidung wieder herzustellen. Sowohl der Runde Tisch als auch die Volksbefragung hätten auf Grund der Größe und Komplexität des Projektes schon zu Beginn des Projektes erfolgen sollen. Dann hätte man wahrscheinlich einen gewaltsamen Zusammenstoß vermeiden können.

8.4 Schulungen

Es wird für die Zukunft wichtig sein an Schulen, Hochschulen und in der Weiterbildung, diese Form des Dialoges am Runden Tisch zu üben. Jeder Teilnehmer muss sowohl als Moderator als auch als Diskussionsteilnehmer erleben können, wie solch eine Diskussion am „Runden Tisch" abläuft. Dafür benötigt man einen Supervisor, der den gesamten Ablauf überwacht und notfalls eingreift und den Moderator darauf hinweist, was zu tun ist.

Der Ablauf könnte wie folgt aussehen: Zehn Teilnehmer treffen sich an fünf Sitzungstagen. Zwischen den Sitzungstagen liegt jeweils eine Woche Pause, manchmal auch zwei oder mehr Wochen, je nach dem. An diesen fünf Tagen wird es jeweils vormittags und nachmittags fünf Stunden Diskussion geben. Jeder Teilnehmer ist einmal Moderator.

Es gibt eine aktuelle Aufgabenstellung, wie z. B. der beschleunigte Ausstieg Deutschlands aus der Nutzung von fossilen Brennstoffen, die Einführung eines Grundeinkommens, die Umstellung auf eine ökologische Landwirtschaft oder die Einführung einer „repräsentativen Demokratie Plus" mit erhöhter Bürgerbeteiligung.

Die formale Struktur der Diskussion würde z. B. bei der Aufgabenstellung des beschleunigten Ausstiegs Deutschlands aus der Nutzung fossiler Brennstoffe so aussehen: Vier Diskutanten vertreten die herrschende Energiewirtschaft und fünf vertreten die erneuerbaren Energien. Dieses Szenario wird an einem fiktiven Runden Tisch durchgespielt. Die Rollen werden wie folgt verteilt: Es wird auf der einen Seite einen Vertreter von der Firma Shell geben, einen von Mercedes-Benz, einen Vertreter der Mineralölwirtschaft und einen Europapolitiker, der die

Interessen der Energiewirtschaft vertritt. Auf der anderen Seite wird ein Vertreter von Greenpeace sitzen, einer von Attac, ein Vertreter der Windenergie und ein Vertreter des Ausbaus von dezentralen Netzen sowie ein führender Umweltpolitiker. Ähnlich würde es bei den anderen Aufgabenstellungen aussehen.

9.0 Der Kulturbereich. Kreativität

Ein neues Denken zu initiieren ist Aufgabe der Kultur-, Geistes- und Sozialwissenschaften. Dieses neue Denken emotional umzusetzen und so ein neues Bewusstsein zu schaffen, ist die Aufgabe der Kunst. Denn Kultur und Kunst sind die innovativen und einheitsstiftenden Kräfte. Sie erzeugen den Grundton oder die Grundschwingung einer Gesellschaft und eine Basis für Einheit und Vertrauen. Dies trifft auch für die Konstruktion eines Weltbewusstseins zu.

9.1 Älteres und neues Denken. Neue Kultur und neue Kunst

Das alte Denken ist vorzeigbar. Seine Ausflüsse bezeichnen wir heute allgemein als Kultur. Sie umfasst sowohl Kunst- und Bauwerke als auch die technischen Hervorbringungen vergangener Epochen. In ca. 30 Jahren wird auch die heutige Zeit als eine bestimmte Epoche angesehen werden, ähnlich wie die Romantik, die Moderne oder die Postmoderne. Dann wird klar erkennbar sein, dass auch heute ein bestimmtes Denken den Kultur- und Bewusstseinsraum geprägt und die technischen Hervorbringungen bestimmt hat.

Älteres Denken prägt die Gemälde und die technischen Produkte aus früherer Zeit und ist zum Teil nur noch im Museum sichtbar. Stellenweise ist es aber auch im Alltag nach wie vor präsent. Viele technische Produkte, die wir auch heute noch verwenden, stammen eigentlich aus dem 19. Jahrhundert, wie z. B. das Auto, die Eisenbahn oder das Telefon. Das Design, die Leistungsfähigkeit und auch die Vermarktung dieser Produkte sind heute aber so anders, dass man den Bezug zum 19. Jahrhundert kaum noch wahrnimmt. Bauwerke aus vergangenen Epochen wie Kirchen, Paläste oder Villen sind häufig noch in ihrer ursprünglichen Form im Stadt- oder Landschaftsbild wahrzunehmen. Sie werden heute vielfach in anderer Funktion genutzt, wie z. B. ehemalige Paläste als Museen.

Im 18. oder 19. Jahrhundert war vor allem die Literatur „Kampfplatz" eines neuen Denkens. Was uns heute selbstverständlich ist wie die Freiheit des Denkens, die Wahlfreiheit, die Bewegungsfreiheit, die Freiheit der Wissenschaften sowie die Gewerbefreiheit - dafür mussten viele Menschen kämpfen und leiden. Heute gelten die Klassiker der Literatur als Ausflüsse einer vergangenen Epoche, die wir längst internalisiert haben. Die Errungenschaften der Kunst von damals sind heute „kulturelle Selbstverständlichkeiten".

9.2 Die Bedeutung von Kultur und Kunst

Die Kultur-, Geistes- und Sozialwissenschaften bündeln das „Vorhandene" und erkennen und benennen ein heraufkommendes neues Denken und neue Leitwerte. Die Kunst nimmt das auf und vermittelt es. Sie macht das neue Denken und die neuen Leitwerte anschaulich und emotional erfahrbar. Sie schafft dafür neue Symbole, Farben, Formen, Klänge und Geschichten. Sie schafft das emotionale „Fluid", das neue Bewusstsein, welches dann auch zu Veränderungen in den mehr materiellen Bereichen führt.

Kunst vermittelt den Zugang zu Kreativität und den Umgang mit kreativen Energien. Sie schult Feinfühligkeit, Beobachtungsgabe und erfordert ein hohes Maß an Emotionalität und Intuition. Genaue Beobachtung ist z. B. eine Voraussetzung für die Reduktion auf das Wesentliche. Denn nur so kann man feststellen, welches Element den Energiefluss behindert, welche Elemente nicht zusammenpassen und was den Gesamteindruck trübt. Das ist in der Kunst genauso wichtig wie bei Produkten oder Dienstleistungen, denn auch hier geht es um das Zusammenführen von hochverdichteten Energien.

Die Bedeutung von Kunst liegt auch im Symbolhaften. Kunst ist immer auch ein Zeichen. Sie steht für etwas. Kunst ist innovativ. Kunst gibt Impulse und besitzt ein hohes Maß an Energie. Kunst ist die erneuernde und einheitsstiftende Kraft. Die Malerei, die Musik und die Literatur sowie die Architektur sind die ursprünglichen Künste. Abstrakte Gemälde geben häufig Anregungen für das Alltags- oder Massendesign (s. u.). Bedeutende architektonische Bauwerke verkörpern symbolhaft den Zeitgeist ganzer Epochen.

In der Kunst muss am wenigsten Materie bewegt werden, aber es gibt Unterschiede in den einzelnen Disziplinen. Die Musik setzt mehr Schwingungen in Bewegung als die Malerei und die Baukunst mehr als die Musik. Zwischen den einzelnen Künsten gibt es aber auch enge Verbindungen und Wechselwirkungen. Da alles schwingt, kommt vor allem der Musikentwicklung eine bedeutende Rolle innerhalb der Kunst- und Kulturentwicklung zu.

Exemplarisch für den engen Zusammenhang zwischen Kunst und Technologie ist das iPhone von Apple zu nennen. Es hatte viele Überarbeitungsschritte hinter sich, als es endlich im Juni 2007 auf dem Markt kam. Seine Bedienung erfolgt durch nur einen Knopf und die Menüführung ist denkbar einfach. Diese Einfachheit und Klarheit erfordert Arbeit und Energie. Das iPhone ist ein Kunstwerk und in vielfacher Hinsicht innovativ: bei der Bedienung komplexer Software, in der Verwendung eines großen, farbigen Displays, im Einsatz einer Touchscreen-Technologie, die sich auch in die verschiedenen Richtungen scrollen lässt, bei der Verwendung einer Bildschirm-Tastatur ohne Griffel oder Stift, bei der Einführung des mobilen Internets, das nicht nur auf das Versenden von Emails beschränkt bleibt, sowie in der Verwendung eines besonders kratzfesten, stabilen und leichten Glasmaterials, dem Gorilla-Glas (Isaacson 2011: 547-557). Die einzelnen Einheiten mögen zwar schon hier und da vorhanden gewesen sein, nicht aber in dieser Qualität und Zusammensetzung.

Steve Jobs hatte die Fähigkeit, sich stets mit den fähigsten Mitarbeitern zusammenzutun und das Maximale von ihnen zu verlangen. Er hat also stets das Beste von allem genommen, und so etwas Neues geschaffen. Auch die Bündelung von erstklassigen Mitarbeitern stellt eine Verdichtung innovativer Energien dar. Es überrascht nicht, dass die besten Computerexperten, die im Macintosh-Team von Steve Jobs gearbeitet haben, zugleich musisch und dichterisch begabt waren (Isaacson 2011: 662). Auch Jobs war in der Lage, viele Informationen und Strömungen aufzunehmen und seiner Intuition zu vertrauen. Er war begeistert von der Musik Johann Sebastian Bachs, spielte Gitarre, schrieb Gedichte und liebte die kunstvollen und poetischen Lieder von Bob Dylan (Isaacson 2011: 46, 54, 660).

Wie schon erwähnt, enthält die Kunst viele Elemente, die auch beim Entstehungsprozess von Produkten von Bedeutung sind: Kreativität, Intuition, Emotion, Reduktion, Feinfühligkeit, Beobachtungsgabe, das Verdichten von Energien durch Überarbeitung und das Zusammenführen dieser Energien. Die Zielrichtung der Kunst fehlt aber noch: das Bestreben der Menschheit zur Einheit, das Ziel, die Welt zu einem besseren Ort zu machen.

9.3 Der Stellenwert für Image und Marketing

Nicht nur im Bereich der Kreativität gibt es eine Annäherung zwischen Kunst und Kultur auf der einen Seite sowie Ökonomie und Technik auf der anderen, sondern auch im Bereich des Geistig-Emotionalen findet eine Annäherung statt. Kultur und Kunst haben sich schon immer mit dem Geistig-Emotionalen befasst. Im Bereich von Ökonomie und Technik geht es neben der Zunahme von Wissen auch mehr und mehr um Image und Emotionen. Eine spannende Geschichte, schöne Bilder und Klänge, ein gelungenes Design helfen dem Produkt bei seiner Vermarktung.

Die Bedeutung des Images ist gewachsen. Es kommt darauf an, welche Aura und welches Image die Werbung einem Produkt oder einer Dienstleistung verleiht. Produkte und Dienstleistungen werden emotional eingehüllt und wie bei Gemälden mit bestimmten Symbolen, Farben und Stimmungen versehen. Es werden ihnen Werte zugesprochen, die über ihren eigentlichen Funktions- oder Gebrauchswert hinausgehen. Sie sollen als umweltfreundlich und fair gehandelt gelten, das Selbstwertgefühl steigern und zeigen, dass ihr Besitzer *hip* und Avantgarde ist. Das Produkt oder die Dienstleistung wird zunehmend auf das dazugehörige Image reduziert. Es wird daraus ein Symbol gemacht, welches die Leitwerte der Gesellschaft ausdrücken soll. Auch dadurch nehmen Produkte und Dienstleistungen vermehrt den Charakter von Kunstwerken oder quasi-religiösen Objekten an.

Ähnliches beschreibt der Marketing-Experte Hermann H. Wala in seinem Buch „Meine Marke", wo er von den „Wir-Marken" spricht. „Wir-Marken" sind starke Marken, die den Kunden eine große Identifikationsfläche anbieten. Sie haben einen klaren Markenkern, sind eindeutig und langlebig (Wala 2012). Meist haben sie einen originellen Gründervater, erzählen spannende Geschichten, emotionalisieren ihre Kunden und erwerben so ihr Vertrauen.

Das Marketing von BMW ist ein Beispiel dafür, wie die alten Leitwerte Freiheit und Selbstbestimmung gekonnt in Szene gesetzt werden, heute auch kombiniert mit Werten wie Umweltschutz, Kreativität und Emotionalität. Zudem drückt die Werbesprache von BMW auch Luxus, Sportlichkeit, Fahrfreude, Dynamik und eine hohes Sozialprestige aus. BMW bietet so eine Projektionsfläche für Erfolg und Wertschätzung. Die Automobile von BMW verkörpern die positiven Seiten von Erfolg nach innen und außen: nach außen durch eine moderne, leichte und „sportliche" Designsprache und nach innen durch neueste Elektronik und modernste Technik. BMW steht seit Jahrzehnten für eine gelungene Verbindung zwischen Tradition und Moderne. Die Marke ist klar positioniert, und das seit Jahrzehnten. Der Kauf eines solchen Fahrzeugs ermöglicht einem die Teilhabe an diesem Image. Gefahren wird das Image, weniger das Produkt.

Ein weiteres Beispiel dafür, dass das Image im Bereich der Wirtschaft immer wichtiger wird, ist auch das Produkt Red Bull. Das Getränk kam 1987 zuerst in Österreich auf den Markt. Bei der Vermarktung geht es um die Vision von Energie und Leistung. Die Werbung erfolgt durch die Fernsehübertragung von Formel 1 Rennen und über Beilagen in großen Tageszeitungen, die fast hundert Seiten umfassen und die über Extremsportarten und Hochleistungen im Musik-Bereich berichten. Getrunken wird das Image, weniger das Getränk als solches.

Die Spitzenmarken haben immer für das notwendige Image und die richtige Wahrnehmung ihrer Produkte gesorgt: So hat z. B. Zino Davidoff (1917-1994) seine Zigarren mit dem Image des Statussymbols für Könige, Unternehmer und Politiker versehen. Oder die Uhren der Firma Rolex wurden in den 1950er und 1960er Jahren an Persönlichkeiten der Zeit verschenkt, wie z. B. an Charles de Gaulle, an Dwight D. Eisenhower, an John F. Kennedy, an Winston Churchill, an Konrad Adenauer oder an Fidel Castro. Der Slogan „Die Männer, die über die Geschicke der Welt entscheiden, tragen Rolex" sorgte für die Aufwertung des Produktes. Rolex war vor allem in den 1920er und 1930er Jahren innovativ. In dieser Zeit entwickelten sie die erste wasserdichte Armbanduhr und den ersten automatischen

Selbstaufzug. Heute stammt die Technik zwar noch immer aus den 1930er Jahren und jede billige Quarzuhr geht genauer, aber die Rolex-Uhren verfügen nach wie vor über ihr ureigenes Image (Czartowski 2004).

Die Unternehmen fassen immer mehr künstlerische Ziele ins Auge. Steve Jobs hat stets das Unternehmensziel ausgegeben, die Welt zu einem besseren Ort zu machen. Das ist etwas anderes, als Gewinnmaximierung zum Ziel zu haben. Dies waren auch stets die Bestrebungen der großen Erfinder wie Thomas Alva Edison (1847-1931) oder Henry Ford (1863-1947). Der eine wollte der Menschheit das Licht bringen, der andere jedem Amerikaner ein Auto.

Steve Jobs sah sich an der Schnittstelle zwischen den Geistes- und Naturwissenschaften (Isaacson 2011: 14), und er sah sich mehr als Künstler und Unternehmer denn als Geschäftsmann (Isaacson 2011: 661ff).

Ökonomie und Technik sind materielle Ausdrucksformen der Kultur. Die Kultur-, Geistes- und Sozialwissenschaften und die Kunst sind die eher immateriellen Ausdrucksformen von Kultur. Heute gleichen sich beide Bereiche immer mehr an. Auf der einen Seite werden Ökonomie und Technik immer kultureller und künstlerischer. Auf der anderen Seite wird auch der Bereich der Kultur-, Geistes- und Sozialwissenschaften und der der Kunst immer stärker ökonomisiert und technisiert. Denn auch diese Bereiche müssen sich immer mehr vermarkten und vernetzen. Auch sie müssen vermehrt ihre Leistungen und ihren Wert für die Gesellschaft darstellen. Auch sie müssen immer produktiver werden, d. h. immer mehr Bilder malen, Musikstücke komponieren und Geschichten erzählen. Um all das leisten zu können, müssen auch sie vermehrt ökonomische und technische Hilfsmittel einsetzen.

9.4 Die Entwicklungen in der Kunst

Im Moment steht die Umsetzung der neuen Leitwerte in der Kunst bis auf die Leistungen der Malerei noch weitgehend aus. Die Malerei ist schon relativ weit. In der Musik fehlen wichtige Elemente noch, insbesondere neue Harmonien und Melodien. Dies ist einer der Hauptgründe für ein fehlendes Weltbewusstsein. Auf die Entwicklungen im Bereich der Literatur kann hier auf Grund der Fülle des Materials nicht eingegangen werden.

9.4.1 Die Malerei

Auf der „ART Karlsruhe 2012" gab es die unterschiedlichsten Ansätze, um Bewusstseins- und Energiestrukturen darzustellen. Denn jedem Gegenstand, jeder Szenerie, jeder Situation, jedem Ort und auch jedem Musikstück haftet eine ganz bestimmte Energie an.

Ein Kunstwerk ist umso bedeutender, je höher der Gehalt an kreativer Energie bzw. an Bewusstseinsenergie ist, denn diese macht das Kunstwerk inspirierend und neuartig. Im Moment versucht die Malerei, die kreative Energie oder Bewusstseinsenergie direkt darzustellen. Z. B. versucht sie in sehr abstrahierenden Bildern, die aber die Szenerie und die Stimmung eines Ortes noch deutlich erkennen lassen, alles in einen bestimmten Blau- oder Rotton darzustellen. Der Farbton ist zurückhaltend aber gleichwohl vorhanden. Dieser Blau- oder Rotton durchfärbt oder durchtränkt alles, ähnlich wie das Bewusstsein alles durchtränkt. Maler, die in diesem Stil sich ausdrücken, sind z. B. die beiden deutschen Maler Franziskus Wendels (*1960) und Felix Eckardt (*1975) (Bilder siehe Internet).

Auch mit anderen Mitteln versucht die Malerei, die Energien eines Ortes darzustellen. Die Malerin Nicole Ahland (*1970) will die Stimmung von Innen- und Außenräumen in abstrahierender Weise wiedergeben. Häufig sind in ihren Bildern nur vage eine Tür, ein paar Lampen oder schemenhafte Umrisse von einer äußeren Umgebung zu erkennen. Durch die Reduktion der Farben und Formen liegt die Bildaussage auf der Stimmung des Raumes. Nicole Ahland verwendet für ihre Bilder die extrem teure und hochwertige Drucktechnik des C-Print. Diese Technologie erlaubt es, sehr feine Farb- und Formnuancen wiederzugeben. Mit diesen feinen Farb- und Formabstufungen sollen Bewusstseinsenergien dargestellt werden.

Auch die Energien von Musikstücken lassen sich malerisch wiedergeben. Z. B. versucht die Malerin Regina Reim (*1965) die Bewegungsenergien von Musik darzustellen. Ihre Bilder zeigen die eher körperlich-räumlichen Energien von Musik auf: Rhythmus, Tempo und Dynamik. Die feineren, geistig-seelischen Energien von Musik, die eher in der Melodie und der Harmonie zu finden sind, sind weniger ihr Gegenstand.

9.4.2 Die Musik

Die Musik selbst ist eines der wertvollsten Ausdrucksmittel, welches die Menschheit besitzt. Sie enthält unendliche Schätze an Erhabenheit, Freude und Inspiration. Sie formt unser Denken und Fühlen und erzeugt den Bewusstseinsraum, in dem wir uns bewegen, sprechen, denken und handeln. Sie ist Seelenenergie und führt uns ein in den Reigen von Poesie, Wahrheit und Kraft. Was nicht in der Musik eines Volkes ist und damit nicht in seinem Innern, kann auch nicht im Außen dieses Volkes sein und damit auch nicht in seinen materiellen Hervorbringungen.

Musik erzeugt die Atmosphäre des Vertrauens. Sie stiftet Sinn, Zugehörigkeit und Identität. Sie schafft den Kulturraum, zu dem wir gehören. Musik verbindet. Musik vernetzt. Musik erschafft das Lebensgefühl ganzer Generation mit einem nur drei bis fünf Minuten andauerndem Stück, wie bei Elvis Presley, Bob Dylan, Bruce Spreegsteen, Herbert Grönemeyer oder Amy Mcdonald. Musik schafft Verbindungen zu dem seelisch-emotionalen Raum. Musik ist international.

Was auch immer ausgetauscht wird in einer Gesellschaft, Musik hat dafür eine Grundlage geschaffen. Daneben benötigt man noch Energie für Austauschprozesse. Ist die Energie gleich, gibt es einen Austausch. Geld ist ein anderes Wort für Energie (Wessbecher 2004), aber ohne Vertrauen fließt es nicht. Es wird durch den Glauben an die Zukunft erzeugt und stabil gehalten.

Neue Musik erzeugt ein neues Bewusstsein und damit neue Energien. Ein neues Bewusstsein führt zu größeren Einheiten und hebt Gegensätze auf. Musik erzeugt diese größeren räumlichen und emotionalen Einheiten und sorgt für Vertrauen. Dies ermöglicht Austauschprozesse innerhalb dieses Raumes.

Neue Produkte und Dienstleistungen verkörpern meist die größer gewordene neue Einheit und das damit verbundene neue Bewusstsein. So war z. B. Johann Sebastian Bach (1685-1750) der große Türöffner für die Freiheit in Europa. Er schuf Musik, die Jahrhunderte überdauerte und in der alle Gegensätze aufgelöst wurden. Vor allem seine Orgelmusik setzte Maßstäbe. Er führte auf dem Klavier die wohltemperierte Stimmung ein, die es ermöglichte, in allen Tonarten zu spielen. Das war zuvor nicht möglich gewesen, da das Klavier jeweils umgestimmt werden musste, wenn man in einer anderen Tonart spielen wollte. Zudem wurden meistens nur die ersten drei Tonarten aus dem Quintenzirkel auf- und absteigend von C-Dur verwendet sowie ihre parallelen Molltonarten.

Bach hat den gesamten Musikraum geöffnet, denn früher waren nicht nur die Klavier- sondern auch die Orchesterwerke auf wenige Tonarten beschränkt. Erst nach Bach haben auch die Zeitgenossen in den anderen Tonarten des Quintenzirkels komponiert. Durch Bach war eine größere Freiheit bezüglich der Wahl der Tonarten möglich geworden.

Bach hat die Musik seiner Zeit weiter entwickelt als jeder andere Komponist vor oder nach ihm. Er hat sie befreit aus den musikalisch-formalen Zwängen seiner Zeit. Er hat stärker als jeder andere neue Melodie- und Harmonieschemata eingeführt, die gleichwohl hörbar waren, selbst wenn er kurzzeitig starke Dissonanzen verwendete. Die nachfolgenden Komponisten brauchten sich nur zu bedienen und das haben auch alle großen Komponisten getan, ob Ludwig van Beethoven (1770-1827), Frédéric Chopin (1810-1849) oder Richard Wagner (1813-1883). Bach ist ganz Bach, wenn er Orgelmusik komponiert hat. Das war sein Instrument. Die Orgel wirkt wie ein Orchester. Chopin, selbst ein hervorragender Orgelspieler, hat weite Teile der Klangarchitektur von Bachscher Orgelmusik übernommen und Klavierwerke wie für ein gesamtes Orchester geschrieben. Chopins hat die Klarheit im Ausdruck von Bach übernommen, wie z. B. in seinen kurzen, impressionistisch anmutenden Préludes (op. 28, 1831/1839) oder Études (op. 10, 1828-1833; op. 25, 1832-1836, nach Jezewska 1985: 79f). Dies bezieht sich sowohl auf die Konstruktion der Stücke mit ihrem klaren Beginn, als auch auf die Verwendung des Kontrapunkts und auch auf die Kürze der Stücke, auf das 3 bis 5 Minuten dauernde Musikstück, in dem alles gesagt ist.

Diese Art des Musizierens war damals völlig neuartig. Heute hat man sich daran gewöhnt. Musikstücke, auch Popsongs, dauern nur etwa drei bis fünf Minuten, aber damals war das ganz etwas anderes. Alles war verziert und artifiziell. Die Form bestimmte das Geschehen, überall herrschte die Etikette vor. Alles war langwierig, umschweifend und mühsam.

Erst Bach machte damit Schluss. Er führte das kurze, klare und kraftvolle Stück ein, das eine Stimmung mit Brisanz und Wucht sofort zum Ausdruck bringt, einer Wucht und Kraft, die nachhallend wirkt. Für die damalige Zeit war dies so ungewöhnlich wie heute der Flug ins Universum. Die Stimmung eines Stückes wird nur kurz aufgegriffen, die wesentlichen Elemente in ihren Hauptaussagen werden ohne Umschweife genannt.

Erst Ludwig van Beethoven (1770-1827) gelang es wieder, in weiten Teilen diese Klarheit im Ausdruck zu erreichen, wie in seinen drei berühmten Sonaten, die alle um 1800 entstanden sind: in der Mondscheinsonate (cis-moll), in der Sturmsonate (d-moll) und in der Pathéthique (c-moll). Diese bestehen jeweils aus drei Teilen, die ungefähr fünf bis sieben Minuten dauern, wobei der Mittelteil häufig noch stark formale und klassische Züge besitzt, die Kopf- und Schluss-Sätze aber schon romantische und teilweise auch impressionistische Züge aufweisen. Im Mittelteil machte selbst ein Beethoven um 1800 noch starke Konzessionen an die Zeit. Knapp 25 Jahre später bei der Komposition seiner 9. Symphonie (1824) war das aber nicht mehr so. Hier ist Beethoven ganz Beethoven. Beethoven verdankte Bach viel, denn die Technik von Bach mit stehenden Tönen zu modulieren hat er zu seinem ureigenen Stil ausgebaut.

Abb. 1 Eduard Schäfers: Johann Sebastian Bach (2011)

Bachsche Orgel-Musik basiert auf einem klaren und kurzen Ausdruck, wie bei der „Dorischen", einer weiteren Toccata und Fuge in d-moll BWV 538 neben der berühmten d-moll Toccata und Fuge BWV 565. Diese Musik kommt wie eine Sternschnuppe aus einer anderen Welt und ist kosmische Energie, ein kurzer Moment aus der Ewigkeit für die Menschen auf Erden: ein unendliches, ewiges, goldenes Licht aus dem Universum - glasklar und eindeutig im Ausdruck.

Bei Bach wird die Melodie häufig einmal in verkürzter Form wiederholt und ein weiteres Mal in einer kurzen Andeutung. Dieses Bild ist 120 x 150 cm groß. Das Bild ist mit Öl- und Acryl-Farbe sowie mit blauen Farbpigmenten gemalt. *Privatbesitz, Baden-Baden*

Bach hat die reine Musik eingeführt. Musik war nicht mehr zweckgebunden. Er hat die Musik aus ihrem Nischendasein als Kirchen- und Hintergrundmusik bei Festbanketten befreit und sie im Wesentlichen auf die reine Instrumentalmusik beschränkt. Seine d-moll Toccata und Fuge (BWV 565), mit 19 oder 20 Jahren in Arnstadt geschaffen und noch heute das berühmteste Orgelwerk der Welt, galt damals „als zu weltlich". Bach verlor u. a. auch auf Grund dieses Werkes seine Anstellung in Arnstadt (Eidam 2000: 56-70).

Bach war der Leuchtturm für alle späteren europäischen Komponisten und ihr Werk, entsprechend hoch wird Bach auch von den anderen europäischen Komponisten verehrt. Bach hat durch seine Musik dem freiheitlichen Denken Tür und Tor geöffnet, denn unser Denken ist auch emotional geprägt und wird durch die Musik „vorgegeben". Bachs Musik hat das emotionale Fluid geschaffen, das Bewusstsein verändert und es auf eine freiheitliche Basis gestellt. Er hat das Denken der Zeit maßgeblich beeinflusst und war Impulsgeber für spätere musikalische und freiheitliche Entwicklungen. Andere konnten dann diese Entwicklungen nicht nur in der Musik vertiefen.

Ludwig van Beethovens Name steht für den Abschluss in der musikalisch freiheitlichen Entwicklung. Seine Kompositionen bringen einen anderen Zeitgeist zum Ausdruck. Sie waren rasch bekannt in Europa und haben - und tun das auch heute noch - in klarer Sprache von einem Weltbürgertum gesprochen. Sie *sind* Europa. Diese Musik ist eine Grundlage Europas. Beethoven hat das Schiller´sche Ideal von Freiheit in Musik umgesetzt. Selten hat ein Komponist in seiner Musik in bestimmten Momenten eine so hohe Intensität an Inspirationsenergie erreicht wie Beethoven. Beethoven war ein Neuerer, was die Intensität der Musik anging. Seine Harmonik und Melodieführung waren damals ungewöhnlich.

9.4.3 Musik für alle Kulturräume

Heute gilt es eine Musik zu schaffen, die den neuen Leitwerten Bewusstsein und Einheit Ausdruck verleiht. Neue Harmonien und Melodien gilt es zu entwickeln. Dies wird wichtig sein, um den neuen Leitwerten Leben einzuhauchen und die Unterschiede zwischen den

Kulturräumen zu verringern, um eine Weltgesellschaft entstehen zu lassen. Da alles schwingt, ist die Musik eines Kulturraumes der prägende Faktor.

Drei große Kulturräume sind zu unterscheiden: Amerika-Europa, Afrika-Arabien und Asien. Im ersten Kulturraum zählt mehr das Geistig-Schöpferische, im zweiten mehr das Körperlich-Rhythmische und im dritten mehr das Seelisch-Spirituelle. Der erste und der dritte Kulturraum haben sich auch durch Musik immer weiter angenähert. Anders sieht es mit der Verbindung zwischen Amerika-Europa und Afrika-Arabien aus. Hier gibt es eher einen kulturellen Zusammenstoß und ein wirtschaftlich-militärisches Ausbeutungsverhältnis. Das liegt auch daran, dass die beiden Kulturräume musikalisch relativ wenig gemeinsam haben. Zwar gibt es Ansätze der Annäherung zwischen beiden Musikräumen, aber in der ursprünglichen Musiktradition und in der Lebensauffassung der Menschen sind die Schnittmengen eher gering.

In Zukunft wird es darum gehen, inwieweit man sowohl in Afrika-Arabien als auch in Amerika-Europa bereit ist, toleranter und verständnisvoller zu bewerten, wie die jeweils andere Kultur mit den Themengebieten des Lebens umgeht: Geburt, Pubertät, Heirat, Kinder, Alter, Tod und Gemeinschaft. Häufig handelt es sich dabei um Gegensatzpaare: Individuum-Gemeinschaft, Körper-Geist, Geburt-Tod, Ordnung-Chaos, Macht-Liebe oder Jugend-Alter. Besonders in der Mann-Frau-Beziehung spielen viele Gegensatzpaare des Lebens eine Rolle In beiden Kulturen gibt es hier Bereiche, die gut „funktionieren" und andere, die weniger gut „funktionieren". Individuelle Freiheit kann auch zu Einsamkeit führen und kollektive Stammesherrschaft zu Bevormundung und Gängelung. Beides hat seine Schattenseiten. In beiden Kulturräumen hat sich eine andere Strategie herausgebildet, wie man versucht, insbesondere in der Mann-Frau-Beziehung diese Gegensatzpaare im Gleichgewicht zu halten. In beiden Kulturräumen gibt es große Widersprüche in diesen Bereichen, die aber den meisten Menschen gar nicht auffallen, weil sie kollektiv ausgeblendet werden. Häufig muss erst die Folgegeneration diese Konflikte und Widersprüche lösen.

Hinzukommt, dass diese Bereiche oft mit strikten Tabus, gesellschaftlicher Ächtung und sozialen Schranken und Strafen behaftet sind. Das ist in Europa-Amerika nicht anders als in Afrika-Arabien. Die Tendenz, die Widersprüche des eigenen Kulturraums gerade in diesen

Bereichen auszublenden und dafür auf die Mißstände im anderen Kulturräumen zu verweisen, ist weit verbreitet. Absurd wird das Ganze, wenn Fanatiker dann gegen andere Kulturräume Kreuzzüge veranstalten wollen, statt die Widersprüche im eigenen Kulturrum und im eigenen Inneren zu lösen.

Um diese Thematiken wird es gehen, wenn die beiden Kulturräume Afrika-Arabien und Amerika-Europa sich einander annähern wollen. Die Musik kann helfen, die Widersprüche im eigenen Kulturraum zu lösen. Denn so wie die europäische Musik vor allem die individuelle Freiheit und damit den geistig-seelischen Energien Ausdruck verleiht, verleiht die afrikanisch-arabische Musik vor allem dem Tanz und den körperlich-sexuellen Energien Ausdruck.

In Afrika-Arabien wird mit Schwierigkeiten anders umgegangen als in Amerika-Europa oder in Asien. Jeder Kulturraum versucht auf seine Weise Lösungen zu finden: die einen mehr auf der körperlichen, die anderen mehr auf der geistigen und die dritten mehr auf der seelisch-spirituellen Ebene.

Die Weiterentwicklung der europäischen Musiktradition als musikalisch-emotionale Umsetzung der neuen Leitwerte Bewusstsein und Einheit sowie innerer Frieden und Selbstveränderung wird die musikalischen Energien aller drei Kulturräume zu berücksichtigen haben.

9.5 Das Design als Botschafter eines humanen Wirtschaftssystems und eines neuen Bewusstseins

Nicht erst seit heute ist das moderne Design ein Trägermedium für die Werke der Malerei. Heute ist jede Neuentwicklung in der Malerei binnen kürzester Zeit durch das Design weltweit vertreten. Die Zeitabstände liegen unterhalb von etwa 3 Monaten. Um dies zu verstehen, ist auf die Grundlagen des Farbkreises als „Instrument" einzugehen.

9.5.1 Der Farbkreis

Heutige Designfarben sind fast ausnahmslos nach den natürlich wirkenden Farben des Farbkreises konstruiert: Maigrün, Zinnoberrot Hell und Violettblau. Diese Farben wirken auf den Menschen deswegen so natürlich, weil sie auch häufig in der Natur vorkommen. Zinnoberrot Hell ist die Farbe des Klatschmohns oder auch die Farbe der Sonnenuntergänge. Maigrün ist die Farbe der Buchenblätter im Mai, wenn die Bäume ausschlagen. Violettblau ist die Farbe des Sternenhimmels, wenn kein elektrisches Licht den Blick trübt. Der Farbkreis nach Harald Küppers (*1928) Buch „Das Grundgesetz der Farbenlehre", das 1978 erschienen ist, zeigt auf, wie sich die sechs Grundfarben und zwei Nichtfarben zueinander verhalten.

Abb. 2 Farbkreis mit den natürlichen Farben Maigrün, Zinnoberrot Hell und Violettblau. Alle drei Farben zusammen ergeben Weiß.

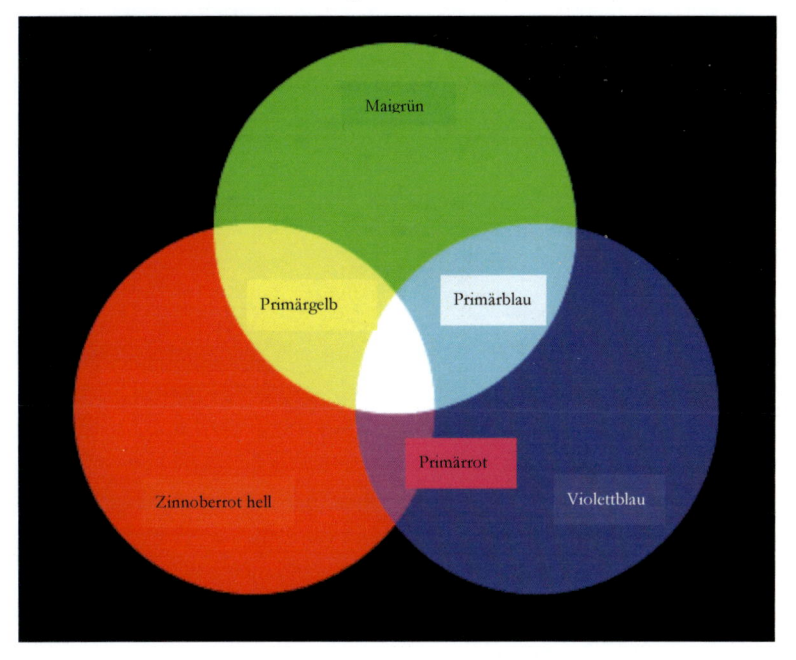

Quelle: Nach Küppers 1997, Farbtafel 22. Hinweis: Die Farbwiedergabe ist nur mit Einschränkungen korrekt. Exakte Farbwiedergabe siehe Internet unter „Farbkreis" oder die Farbwerte des Computers im RGB-Modus.

Außen im Farbkreis kann man die natürlichen Farben Maigrün, Zinnoberrot Hell und Violettblau erkennen. Aus den drei natürlichen Farben kann man alle anderen Farben mischen. Mischt man alle drei natürlichen Farben zusammen, dann erhält man Weiß. Man spricht auch vom RGB-Modus, wobei das „R" für Rot, das „G" Grün und das „B" für Blau steht. Der Sehnerv des menschlichen Auges ist ähnlich aufgebaut sowie auch der Bildschirm des Computers.

Im Inneren des Farbkreises sind die eher künstlichen Farben Magentarot, Gelb und Cyanblau zu finden. Diese Farben werden auch als Primärfarben bezeichnet. Sie bilden zusammen mit der so genannten Nichtfarbe Schwarz die vier Druckfarben. Wobei Schwarz als „Schlüssel" eingesetzt wird, um die Farbmischung satter zu machen. Auch aus den drei Primärfarben kann man alle Farben mischen. Mischt man die drei Primärfarben zusammen, erhält man Schwarz. Man nennt dies den CMYK-Modus, wobei „C" für Cyanblau, „M" für Magenta, „Y" für Gelb (engl. Yellow) und „K" für Schlüssel (engl. Key) steht.

Seit etwa dem Jahr 2000 ist das Alltagsdesign vermehrt in den drei natürlichen Farbtönen und in Weiß gehalten. Wobei das Design der Alltagsgegenstände stetigem und raschem Wandel unterliegt. Die Aussagen, die hier getroffen werden zur Designentwicklung, können sich im aktuellen Alltagsdesign anders darstellen als hier geschildert. Hier geht es vor allem um die Grundlagen.

Heute ist der Alltag der Menschen weltweit mehr von natürlichen Farben geprägt als früher. Das betrifft sowohl die Firmenlogos, wie die Verpackungen von Seifen, Duschgels und Cremes und auch die Verpackungen von Nahrungs- und Genussmitteln. In den 1950er Jahren waren die Farben des Alltagsdesigns sehr viel schwerer und dunkler als heute. Heute sind sie eher leicht, licht und hell. Es gibt sehr viel Weiß. Angefangen hat diese Entwicklung mit den Pastell-Tönen der Postmoderne seit dem Ende der 1970er Jahre. Diese Pastelltöne findet man zum Teil immer noch in unserem heutigen Alltagsdesign vor.

9.5.2 Die natürlichen Formen

Auch die Formen haben sich seit der Einführung der Postmoderne Ende der 1970er Jahre und zu Beginn der 1980er Jahre stark verändert. In den 1950er und 1960er Jahren ist das Formdesign der Alltagsgegenstände eher eckig und geometrisch gewesen. Seit der Postmoderne ist es eckig und rund, wobei dies vor allem auf das deutsche Design zutraf. Andere Länder hatten schon früher ein organischeres Design und auch im deutschen Jugendstil gab es mehr florale, geschwungene und ovale Formen. Allerdings muss man dazu sagen, dass der Jugendstil eine Bewegung des Kunsthandwerks und von daher keine Massenbewegung war. Heute ist das Design eher geschwungen. Es ist sehr viel abstrakter, emotionaler, natürlicher und einfacher als früher. Denn die Formgebung des Designs von früher war eher an unnatürlichen Formen angelehnt. Dies trifft vor allem auf die 1960er und 1970er Jahre und auf das Design der „Guten Form" zu. Die Formen waren meist eckig und geometrisch.

Abb. 3   Designsprachen des VW Golf I, III, VI

Quelle: Eigene Aufnahmen.

Man kann dies auch an den Autos dieser Zeit erkennen, wie z. B. am Golf I aus dem Jahr 1974. Frühere Fahrzeuge wie der VW Käfer hatten zum Teil noch eine andere Formensprache, die eher am Jugendstil orientiert und wesentlich organischer war. Der Golf I wurde von 1974 bis 1984 gebaut. Die verschiedenen Nachfolgemodelle des Golf I, wie z. B. der Golf III, der von 1991 bis 1996 gebaut wurde, zeigen die Veränderungen in der jeweils aktuellen Formensprache auf.

Der Golf III ist weniger eckig. Er weist zum Teil auch runde Elemente auf. Auch die Sitzmuster des Golf III zeigen eine Mischung von Moderne und Postmoderne. Sie weisen eckige Formen und gerade Linien verbunden mit postmodernen Farbtönen auf. Das aktuelle Modell, der Golf VI, der seit 2008 gebaut wird, weist schon starke Rundungen an der Front- und Heckpartie im Vergleich zum Golf I auf. Die Rückleuchten sind zum Teil rund und spitz.

In der heutigen Zeit ist das Design der Alltagsgegenstände eher geschwungen. Zum Teil ist es auch spitz und rund, spitz und ellipsenförmig oder spitz und geschwungen wie beim neuen Ferrari F12 aus dem Jahr 2012.

9.5.3 Das Alltagsdesign

Die Logos von Firmen verwenden zumeist die aktuelle, neue, zeitgenössische Form- und Farbsprache; unten finden sich Beispiele (eigene Fotos, Februar 2012), welche natürliche Farben, Pastellfarben, Weiß und Farbverläufe verwenden sowie runde, geschwungene und sich auflösende Formen.

Abb. 4 Beispiele für aktuelle Firmenlogos in Innenstädten

Die meisten Firmenlogos in den heutigen Innenstädten in Westeuropa weisen die drei natürlichen Farben aus dem Farbkreis auf. Diese werden teilweise auch etwas abgewandelt. Manche Logos sind auch noch pastellfarben, wie das in der Postmoderne üblich war. Diese Farben haben etwas Leichtes und Heiteres. Ältere Farbtöne wirken meist schwerer und finden heute kaum noch Verwendung. Schreibschrift verleiht dem Logo mehr Emotionalität. Auch Farbübergänge und natürliche Elemente wie Wassertropfen und Wolkenstrukturen werden eingesetzt, um Modernität und Natürlichkeit zum Ausdruck zu bringen.

Quelle: Eigene Aufnahmen.

Die Verpackungen in den Super- und Drogeriemärkten sowie in den Apotheken sind heute auffallend hell gestaltet und weisen häufig die natürlichen Farben aus dem Farbkreis auf: Maigrün, Zinnoberrot Hell und Violettblau. Ausnahmen bilden edle Kaffee- und Schokoladensorten sowie Duschgels für Männer.

Das aktuelle Verpackungsdesign von Drogerieartikeln und Lebensmitteln weist vielfach geschwungene und runde Formen auf. Auch Pastelltöne und Farbverläufe sind üblich. Teilweise finden auch Elemente und Symbole aus der Natur Verwendung wie z. B. die Silhouetten von Tieren, Wasser, Berghänge oder Früchte.

Abb. 5 Beispiel für Verpackungsdesign in der ersten Hälfte des Jahres 2012

Dieses Verpackungsdesign weist viele Elemente aktueller Designsprache auf, welche durch Gegensatzpaare gekennzeichnet ist. Es gibt die Farbgegensätze Maigrün und Zinnoberrot Hell, Farbflächen und Farbverläufe sowie gerade Schriftzeichen und runde bzw. geschwungene Formen. Die Schrift ist im Vergleich zur Frucht eher hart, die Frucht selbst eher weich gezeichnet. Allerdings wirken beide wie mit einem emotionalen Band verbunden: einmal durch die silberne Farbe der Schrift, die an Mondschein erinnert, und zum anderen durch das angedeutete Wasser, welches die Frucht umspült.

Quelle: Eigene Aufnahme.

Häufig sind die Farbgrenzen nicht mehr so scharf wie früher, sondern es gibt Farbverläufe und Farbübergänge. Die Grenzen von Flächen oder Farben sind eher offen oder zumindest porös, nicht mehr so scharf, klar, gerade, hart, geometrisch oder rechtwinklig wie früher. Die Linien wirken wie von Hand gezogen und dadurch emotionaler, als wenn man eine technische Linie verwendet. Vielfach wird auch eine Handschrift verwendet, was die Emotionalität erhöht.

9.5.4 Die Auswirkungen des Alltagsdesigns

Wie schon in „Der Kulturraum Europa. Einflüsse auf die Zukunft der Weltgesellschaft" (Schäfers 2009) beschrieben, sind die Auswirkungen des Designs auf das Leben der Menschen vielfältig. Das Design verkörpert am Sichtbarsten das Denken der Zeit, den Zeitgeist. Es ist der lange Arm der Malerei. Aus dem eher rationalen, technischen Design der 1960er Jahre ist ein emotionales, natürliches und geschwungenes Design geworden. Die Grundschwingung ist angestiegen. Das ist weltweit von Einfluss: die Kulturräume schwingen heute anders als früher. Sie stoßen sich nicht mehr so kantig ab, wie noch in den 1960er Jahren, ihre Konturen sind offener geworden. Dies ermöglicht eine Annäherung, wenn auch noch keine feste Verbindung.

Eine Verstärkung dieser Anfänge ist durch einen Ausbau von Kunst- und Designmessen möglich. Von weltweitem Einfluss sind vor allem die *Art Basel* (1970) für den westlichen Kulturraum und inzwischen auch die *KIAF Korean International Art Fair* (2002) für den asiatischen Raum. Die Art Cologne (1967) hat ihren Rang inzwischen an die *Art Basel* verloren. Daneben gibt es noch die *Art Basel Miami Beach*. Die Messeleitung der *Art Basel* hat die Kunstmesse in Miami 2002 übernommen. Auch die Kunstmesse in Hong Kong hat sie aufgekauft. 2013 startet die *Art Basel in Hong Kong*. Ein wichtiger Vertreter für zeitgenössische Kunst ist inzwischen auch die *Art Karlsruhe* (2004), wenn auch noch nicht mit demselben Renommee wie die *Art Basel*. Die *Art Karlsruhe* zeigt vor allem neuartige und innovative Kunst und ist dabei auf diesem Gebiet der *Art Basel* den Rang abzulaufen. Auch im mittleren Osten gibt es seit 2007 eine Kunstmesse, die *Art Dubai*. Im Designbereich gibt es internationale Fachmessen für die unterschiedlichsten Bereiche wie für Autos, Mode, Möbel, Inneneinrichtungen oder Luxusgegenstände. Wichtige Ausstellungsorte für Designmessen sind u. a. Frankfurt a. M., Berlin, Mailand, London, Paris, New York oder Tokyo.

Wie mehrfach gesagt, wird die Entstehung einer Weltgesellschaft vor allem von der Annäherung der beiden Kulturräume Amerika-Europa und Afrika-Arabien abhängen. Hier stoßen sich die Gegensätze trotz des neuen Designs noch kräftig voneinander ab. Ohne Weiterentwicklungen in Musik und Literatur wird es schwierig werden, eine Verständigung herbeizuführen. Die Kunst muss das Fluid schaffen, damit eine weitere Annäherung möglich wird.

9.6 Die Medien

Die Öffentlichkeit hat sich nicht nur in das Internet, sondern auch in den Bereich der sozialen Netzwerke verschoben. Hier wird immer mehr nach gesellschaftlicher Relevanz gefragt. Dabei ist gleichgültig, ob es sich um ein Unternehmen handelt, das versucht, sich entsprechend darzustellen, um eine Person oder um eine gesellschaftliche Institution wie die Verwaltung, die Wissenschaft oder die Politik. Für alle gesellschaftlichen Mitglieder und Institutionen kommt es immer mehr darauf an, in diesen Bereichen sichtbar vertreten zu sein.

Die Sichtbarkeit von Symbolen und Werten in sozialen Netzwerken wird mehr und mehr zum Muss für alle gesellschaftlichen Akteure. Diese Sichtbarkeit dehnt sich von der äußeren Welt zunehmend in den virtuellen Raum hinein aus.

Früher war auch der Schmuck ein Symbol für die Werte und für die Werthaltung einer bestimmten Person bzw. gesellschaftlichen Gruppe. Dies hat schon der Soziologe Georg Simmel (1858-1918) in einem Aufsatz 1908 untersucht (im Folgenden nach Simmel 1983). Der Schmuck repräsentiert seinen Besitzer. In der Art wie er gemacht war, wie viel Schmuck eingesetzt wurde, von welchem Material er war, konnte der Besitzer seine Werte, seine Bedeutung, seine Vernetzung und seine Überzeugungen nach außen darstellen. Er konnte sie sichtbar machen. So konnte er sich abgrenzen gegenüber anderen Personen, anderen Werthaltungen und auch gegenüber anderen sozialen Netzwerken.

Auch die Kleidung, die getragenen Accessoires wie Uhren, Taschen oder Gürtel, die Büroeinrichtung, das Auto oder die Wohngegend besitzen diese Schmuckfunktion. Heute, wo alles auf neue Art symbolhaft wird, ist es einerseits immer schwieriger, sich abzugrenzen und auf der anderen Seite müssen immer mehr Menschen und Institutionen sich darstellen, um ihren Wert und ihre Bedeutung für die Gesellschaft sichtbar zu machen. Ohne diese symbolhafte Sichtbarmachung wird es in der medialen und virtuellen Welt immer schwieriger, seine Bedeutung, seine Vernetzung und damit seinen Wert darzustellen. Dadurch können immer weniger äußere Energien, wie z. B. Anerkennung und Unterstützung materieller oder immaterieller Art dieser Person oder dieser Institution zufließen.

Eine Repräsentanz oder eine symbolhafte Darstellung - früher die Funktion des Schmuckes, die eine positive, werthaltige, freudige und feierliche Grundhaltung dokumentierte und ganz andere Stimmungen und Assoziationen erweckte, als eine eher heruntergekommene Kleidung und Haltung einer Person - wird auch für Personen, Institutionen und für die Wissenschaft in Zukunft von Bedeutung sein. Reklame oder Werbung sind letztlich nichts anderes: Die Schmuckfunktion wird nach außen getragen und für viele Menschen sichtbar. Eine positive Darstellung seiner selbst in einer kurzen, knappen, bild- oder erzählhaften Form - für Firmen sind es z. B. ein Logo, ein Slogan, ein kurzer Werbespot - wird immer wichtiger. Personen, Institutionen und die Wissenschaft entwickeln inzwischen zum Teil ähnliche Merkmale. Verbreitungsmedien können dabei die neuen sozialen Netzwerke, das Internet, Videos auf youtube, Email-Marketing, Directmail, Flyer, eine eigene Zeitschrift, Events und sonstige Kooperationen mit ortsansässigen Institutionen sein.

9.7 Anmerkungen zur Steigerung von Kreativität

Wesentlich bei der Entstehung einer Weltgesellschaft ist nach Niklas Luhmann der Wissenschafts- und Lernbereich (Luhmann 1975). Denn auch mit Hilfe der Wissenschaft gleichen sich die Lebenswelten in aller Welt immer mehr an.

Für die Umsetzung der neuen Leitwerte, Einheit, Bewusstsein, Selbstveränderung und innerer Frieden, im Wissenschaftsbereich wird es darauf ankommen, immer mehr Wissen und Wissensgebiete zu einer größeren Einheit zusammenzuführen. Es geht um einen Bewusstwerdungsprozess. Denn Kreativität ist ein Prozess, bei dem genau dieses passiert: neue Erkenntnisse und neue Zusammenhänge werden erschlossen und einer größeren Einheit zugefügt. Dafür benötigt man Inspiration. Inspiration ist bei einem kreativen Prozess so etwas wie eine Art Aktivierungsenergie, um das gesammelte Wissen einer größeren Einheit zuführen zu können. Bei der Inspiration kommt es auf die Einheit mit dem Augenblick an.

9.7.1 Der kreative Prozess in Wissenschaft, Kunst und Malerei im Allgemeinen

Wir befinden uns heute im Zeitalter der Kreativität. Kreativität hat es zu allen Zeiten gegeben, nur nicht in dem Umfang, in der Anzahl und in dieser Dichte wie gegenwärtig.

Kreativität hat vor allem mit Energien zu tun. Bei einer Symphonie von Mozart z. B. werden in etwa 60 Melodien zusammengeführt. Jede dieser Melodien muss für sich genommen einen hohen Energiegehalt aufweisen. Die Zusammenführung dieser Melodien muss ein stimmiges Ganzes ergeben. Ob es sich nun um eine Symphonie oder um ein Produkt handelt, spielt keine Rolle. Stets geht es um die Energiedichte und um den Energiefluss. Je mehr Energie insgesamt in einem Werk enthalten ist und je höher die Energiedichte an einzelnen Stellen ist, umso besser.

Kreativität läuft in den verschiedensten Disziplinen in etwa gleich ab. Dabei ist unerheblich, in welcher der vier Wissenschaftsdisziplinen man sich bewegt, ob in der Kunst, den Kultur-, Geistes- und Sozialwissenschaften, den Wirtschafts- und Rechtswissenschaften oder in den Natur-, Ingenieur- und Informationswissenschaften. Alle vier zusammen Wissenschaftsdisziplinen spannen ein Wissensnetz auf. Wobei die Kunst hier als eine der vier Wissenschaftsdisziplinen angesehen wird, denn unser Denken ist vielfach emotional geprägt.

Die Kultur-, Geistes- und Sozialwissenschaften geben gesamtgesellschaftlich gesehen viele Leitwerte vor. Dies ist aber eine Essenz aus vorher emotional Erlebtem. Die Widersprüche, Ungerechtigkeiten und Unstimmigkeiten mehrerer Jahrhunderte wurden in der Zeit der Aufklärung auf einen Punkt konzentriert: auf die Leitwerte Freiheit und Selbstbestimmung. Die Kunst wiederum hat dann diese Leitwerte etwa ab 1800 emotional umgesetzt und den heutigen Denk- und Bewusstseinsraum geschaffen.

Aus den emotional erlebten Widersprüchen, Ungerechtigkeiten und Unstimmigkeiten der letzten gut 200 Jahre wurden neue Leitwerte entwickelt. Seit etwa dem Jahr 2000 setzt die Kunst diese emotional um und schafft neue Kunstwerke und damit neue Denk- und Bewusstseinsräume. Dabei gibt es immer Überschneidungen von einigen Jahrzehnten und nicht jeder Kunstbereich ist gleich weit entwickelt. Aus einem neuen Denken und einem neuen Bewusstsein heraus entstehen neue Technologien und neue Ökonomien.

Exemplarisch für ein besseres Verständnis von kreativen Prozessen allgemein, werden hier die kreativen Prozesse in der Kunst untersucht, speziell in der Malerei und hier das Malen von abstrakten bzw. abstrahierenden Bildern. In anderen künstlerischen und auch wissenschaftlichen Disziplinen laufen diese Prozesse aber sehr ähnlich ab. In der Malerei wie in der Wissenschaft geht es um die Verdichtung von Eindrücken oder von Wissen und um eine neue Form der Zusammensetzung dieser Eindrücke oder dieses Wissens. Deswegen scheint ein solcher Vergleich zielführend zu sein.

Die aktuelle Entwicklung der Malerei versucht heute die Leitwerte Einheit und Bewusstsein sowie Selbstveränderung und inneren Frieden in Form und Farbe zum Ausdruck zu bringen. Die Umsetzung dieser Leitwerte wird zum Teil über Umwege erreicht, indem die Malerei versucht, Freude, Lebensenergie, Emotionalität oder die Einheit mit der Natur in malerischer Form darzustellen.

Verschiedene Ansätze finden dabei Verwendung. Wie immer versucht die Malerei, neue Farben, Formen und Techniken zu entwickeln. Dazu nutzt sie z. B. auch die Fotografie, wobei die Übergänge oft fließend sind. So wird mit langen Belichtungszeiten operiert, oder mit verwischten Strukturen experimentiert, welche sich an der Grenzlinie zwischen gegenständlicher und ungegenständlicher Malerei bewegen.

Wer kreativ ist, schafft etwas Neues. Das erfordert meist großen Einsatz, ob in der Wissenschaft, in der Kunst oder im Sport. Neuerungen erfolgen meistens nur in kleinen Schritten. Ein neuer Weltrekord im Sport verschiebt meist den alten Rekord nur ein wenig, gleichwohl sind dafür enorme Anstrengungen erforderlich. In der Malerei ist das ähnlich.

Kreativität hat viel mit Energien, Energieniveaus und der Anhebung von Energiedichten zu tun. Einerseits ist es die Energie der Freude, die Lebensenergie oder Inspirationsenergie, die benötigt wird, um kreativ sein zu können. Diese holen sich die Künstler vielfach aus Gegensätzlichem und dem Sich-eins-Fühlen mit der Natur. Man kann nur kreativ sein, wenn man diese Momente der Inspiration herbeizuführen und zu nutzen versteht. Nur sehr wenige Künstler können immer auf hohem Inspirationsniveau arbeiten und ständig kreativ sein. Andererseits benötigt man hochverdichte Eindrücke und ein umfassendes Wissen.

Zudem muss man seine eigene Fachdisziplin perfekt beherrschen, so dass man mit seinem Wissen spielerisch, leicht und intuitiv umgehen kann. In der Kunst sind es die Farben und Formen oder die Worte und die Klänge, mit denen man spielerisch, intuitiv und mit großer Leichtigkeit umgehen können muss. In der Wissenschaft muss das Wissen immer wieder verdichtet und in Worte gekleidet werden, so dass man es möglichst schnell handhaben und in aller Kürze das Wesentliche benennen kann. Geht es um künstlerische Aspekte, dann muss z. B. der Maler in der Lage sein, das Besondere oder das Neue an einem Gemälde zu benennen. Das gilt nicht nur für die aktuelle Malereientwicklung sondern auch für die vergangenen Epochen. Als Beispiel: Auf der *Art Basel* hängen jedes Jahr über 1.000 Bilder. Aber nur fünf oder sechs davon enthalten wirklich Neues. Ein ernsthafter Künstler könnte sich alle Bilder an einem Tag ansehen. Er benötigt nur wenig Zeit, um das Neue oder Besondere an einem Bild erkennen und herauszufiltern zu können. Diese Bilder wird er sorgfältig studieren. Was ist neu an den Bildern? Welche historischen Entwicklungen sind aufgegriffen worden? Welchen Entwicklungsweg ist der Urheber dieses Bildes gegangen? Ist es nur ein kleiner Schritt in eine schon bekannte Richtung? Oder ist es gar eine komplett neue Richtung und dort sogar ein großer Schritt? Wurde neues Denken malerisch umgesetzt? Welchen allgemeinen Gestaltungskriterien unterliegen die neuen Bilder insgesamt gesehen? Erst dann findet er zu einem Urteil über die aktuellen Entwicklungen. Er hat seine Eindrücke verdichtet.

In jede kreative Arbeit des Künstlers fließt aber auch sein Wissen ein. Er holt es sich nicht nur aus seinem Fachgebiet, sondern auch aus der Musik, aus der Literatur, aus den Kultur-, Geistes- und Sozialwissenschaften und auch aus den beiden anderen Wissenschaftsgebieten. Nach Möglichkeit sollte er auch in einer weiter entfernten Disziplin über einen ähnlich hohen Wissensstand verfügen, denn das erhöht den Umfang seines Wissensnetzes. Ein fundiertes und umfangreiches Wissensnetz versetzt ihn in die Lage, die Kraft der Gegensätze und des Perspektivwechsels nutzen zu können. Dies gilt nicht nur für Künstler, sondern auch für alle anderen Wissenschaftsdisziplinen.

9.7.2 Die vier Phasen der Kreativität im Einzelnen

Kreativität ist ein schöpferischer Prozess. Dieser Prozess wird in der Weltgesellschaft stark im Vordergrund stehen auf Grund der wirtschaftlichen Dynamik, der zunehmenden Vernetzung und auf Grund der notwendigen Umstellungen im Bereich der Fluor-Chlor-Kohlenwasserstoff-Wirtschaft, damit der Klimawandel noch beherrschbar bleibt. Da die Weltgesellschaft auch eine Kreativ- und Kulturgesellschaft ist, wird hier näher auf den kreativen Prozess eingegangen.

Kreativität besteht aus vier Phasen: dem Sammeln von Wissen und Eindrücken, dem Verdichten von Wissen und Eindrücken, der kreativen Eruption und der Überarbeitungsphase.

Kreativität ist Inspiration und Arbeit. Beides ist wichtig. Beides ist Voraussetzung für herausragende kreative Leistungen. Die Entspannungsphasen dienen dabei dem Unterbewusstsein dazu, das angesammelte Wissen und die angesammelten Eindrücke zu verdichten und neu zusammenzusetzen.

Mit Hilfe von Inspirationsenergie kann man dann kreativ und intuitiv tätig werden und etwas Neues erschaffen. Dies ist der Moment, auf den jeder Künstler warten muss. Das ist aber nicht nur in der Kunst so, sondern auch in der Wissenschaft. Anschließend kann man dann diese kreativen und intuitiven Eingebungen in eine Form bringen. Die vierte Phase, die der Überarbeitung, ist manchmal genauso lang wie die drei vorangegangen Phasen zusammen.

1.) Die aktive Phase oder Sammelphase:

In dieser Phase werden Information und Eindrücke gesammelt, die mit dem zu entwickelnden Objekt direkt oder indirekt zusammenhängen. Zum Malen eines Sonnenuntergangs am Meer z. B. gehört das Beobachten der Wolkenstrukturen, die Analyse der Kraft des Meeres und das Betrachten der Farbe des Sandes am Strand. Manchmal ist es gut, die Stimmung einfach in Worte zu kleiden. Wer darin keine Übung hat, kann das auch schriftlich machen in ein paar Zeilen oder auf wenigen Seiten, je nach Übung und eigenen Fähigkeiten. Es sollte möglichst kurz sein, wenige Begriffe genügen. Es geht darum, die wichtigsten Elemente zu benennen, welche die Situation oder Örtlichkeit strukturieren. Man kann auch von Symbolen sprechen. Welche Begriffe oder Symbole prägen die Stimmung? Ein Anfänger sollte etwa 20, 30 oder 50 Elemente benennen und anschließend daraus die drei oder fünf wichtigsten herausfiltern können. Ein Profi wüsste sie sofort zu benennen. Wenn es um Wissen geht, sollte man das Wissen extrahieren und lernen, damit spielerisch umzugehen, es in Worte fassen zu können.

Beim Malen eines Meerbildes muss man sich genaue Eindrücke vom Wasser verschaffen: Wie läuft das Wasser an den Strand? Welche Muster erzeugt es dort? Was passiert, wenn es wieder ins Meer zurückfließt? Wie sehen die Muscheln genau aus, wie fühlen sie sich an? Wie ist der genaue Farbton des Strandes, die Form und Farbe der Wolken über dem Meer? Wie sind diese vom Meer und von den Wellen selbst? Ohne diese Eindrücke, die man quasi wie im Geiste abfotografieren muss, wird es schwierig, ein gutes Meer-Bild zu malen. Wie kann man die Einheit des Meeres mit den Wolken und dem Strand darstellen? Gibt es eine Einheit im Bereich der Farbe oder im Bereich der Formen? Lässt sich diese Einheit der Formen auch mit dem Sand des Strandes verbinden? Man muss die Atmosphäre des Meeres am Abend in sich aufgenommen haben; nur so kann man sein eigenes Empfinden dann später malerisch zum Ausdruck bringen.

Das Malen eines abstrakten Bildes von der Herbststimmung im Wald setzt ebenfalls eine besondere Sensibilität für diese Naturerscheinung voraus, verbunden mit den Fragen: Wie entsteht eine herbstliche Stimmung? Wie wird die Atmosphäre der Geborgenheit erzeugt? Welches Element spielt dabei eine besondere Rolle? Ist es der Rotton der Blätter der Bäume? Sind es die Formen? Oder ist es die Wechselwirkung zwischen dem Licht der Sonne und das Zusammenspiel der Farben?

2.) Die Nicht-aktive-Phase:
In dieser Phase muss sich das gesammelte Wissen setzen; sie dient dem Klärungsprozess und ist wichtig, um wieder den Durchblick zu gewinnen. Sie steht im Gegensatz zur ersten Phase, in der der Geist mit Neuem zugeschüttet worden ist. Wie bei einem Glas mit schlammigem Wasser, müssen sich die neuen Eindrücke oder das neue Wissen erst setzen, ähnlich wie der Sand im Wasserglas sich mit der Zeit absetzt und das Wasser mit der Zeit wieder klar und durchsichtig wird. Es ist eine Entspannungsphase.

3.) Die Inspirations-, Aktivierungs- und Entladephase
Die dritte Phase ist eine Inspirationsphase, die sich an die Entspannungsphase anschließt. Bei manchen Künstlern sind diese beiden Phasen identisch, denn für sie ist ihre Entspannung auch gleichzeitig ihre Inspirationsphase.

Bei der Inspirationsphase geht es um das Sammeln von Energien. Dafür benötigt man Anregungen und einen gewissen Abstand zur eigenen Arbeit. Wie lange die einzelnen Phasen dauern, hängt von der eigenen Professionalität ab. Bei einigen dauern sie Tage oder Wochen, bei anderen nur Stunden oder Minuten.

Vielfach haben Maler versucht, ihre Energie- und Inspirationsquelle direkt zu nutzen. So war Picasso vom Stierkampf begeistert. Paul Klee hat versucht, die Welt der Feen, der Feuergeister und die Beseeltheit der Dinge darzustellen. Emil Nolde hat seine Eindrücke und Erfahrungen mit dem Meer und den Wolken auf Sylt festgehalten in seinen Gemälden. August Macke hat die Ruhe und heitere Stimmung sommerlicher Spaziergänge an Feiertagen in der Natur darzustellen versucht. Franz Marc hat die Schönheit und Reinheit der Tierwelt auf die Leinwand gebannt. Alle diese Maler haben ihre Inspirationsquelle direkt in Malerei umgesetzt.

Ganz allgemein geht es darum, wie man mit Energie umgeht, wie man sich selbst in einen erhöhten Energiezustand versetzt und damit Zugang zu seiner eigenen Inspiration findet. Ohne Inspiration und Energie haben Gemälde keine Wirkung, es springt kein Funke über, das Bild ist tot. Das ist auch der Grund, warum bei den Fließbandmalern aus China, die 30 Bilder pro Tag z. B. im Stil von Claude Monet malen, kaum etwas überkommt. Nur formal ist der Malstil von Claude Monet oder auch der Inhalt seiner Bilder wiedergegeben worden, der besondere Ausdruck fehlt. Ein sehr energiereiches, abstraktes Bild kann nicht einmal vom Maler selbst kopiert werden. Denn um so malen zu können, muss man sich in einem besonders inspirierten Zustand befinden. Meistens sind solche Zustände nicht wiederholbar und damit ist auch das Bild nicht wiederholbar.

Hat man die erste und zweite Phase abgeschlossen, dann ist es wichtig Aktivierungsenergie hinzuzuführen in Form von Freudeenergie durch Sport, Musik oder neuem Wissen, aber möglichst außerhalb des eigenen Fachgebietes. Für ein Gemälde gilt es, die Vorstellung des

Bildes zu präzisieren: die Größe der Leinwand, die Farben, welche Pinsel sollen verwendet werden. Die Aktivierungsenergie hilft dem Unterbewusstsein, die gesammelten Eindrücke, das gesammelte Wissen neu zusammenzusetzen. Hat man die jeweils richtige Dauer und Menge an Zeit und Eindrücken erwischt, dann merkt man langsam, dass man anfangen möchte zu malen. Für die kreative Eruptionsphase muss man vorbereitet sein: die richtigen Leinwände, Pinsel und Farben müssen im Hause sein. Nichts ist ärgerlicher, als wenn man dann nicht die richtigen Malutensilien zur Hand hat. Dann braucht man gar nicht erst anzufangen bzw. kann wieder Tage oder Wochen auf den richtigen inspirierten Moment warten.

Der Malprozess an sich ist eine Mischung aus dem, was man sich vorgestellt hat und dem, was intuitiv aus einem herausfließt. Man muss sich quasi öffnen für das intuitive Fließen-Lassen von kreativer Energie. In der dritten Phase läuft der eigentlich kreative Prozess ab. In dieser Phase geht es darum, den Moment zu finden, wann man die Kreativität durch sich hindurchfließen lassen kann. Beim Schreiben eines Fachbuches z. B. ist dies die Phase, in der die Ideen sprudeln und man gar nicht hinterher kommt mit dem Schreiben. In einer vierten Phase muss dann diese kreative Eruption geordnet und überarbeitet werden. Im Bereich der Malerei ist das der Moment, in dem man anfängt zu malen. Man hat sich mit dem Sujet beschäftigt, sich die verschiedenen Strukturen für einen bestimmten Malprozess angeschaut und nun versucht man, das Gesehene, das Gedachte und das Empfundene auf die Leinwand zu bringen.

Das klingt leicht, ist es aber nicht. Denn wir haben gelernt, nur das zu schätzen, was vielfach und gründlich überlegt worden ist. Beim kreativen Entladungsprozess ist der Verstand aber erst einmal nicht gefragt. Er wird erst wieder benötigt, wenn man die so entstandenen Dinge ordnen und ihnen eine Struktur verleihen will. Beim abstrakten Malen ist es wichtig, diesem eruptiven Prozess auf der einen Seite Raum zu geben und auf der anderen Seite ihn rechtzeitig abzubrechen. Denn bei der modernen Malweise von abstrakten Bildern mit dickem Farbauftrag und grobem Pinselstrich ist eine Überarbeitung nur sehr eingeschränkt möglich.

Wenn man bei dieser Malmethode beim Malprozess nicht ganz fokussiert und ganz konzentriert ist, dann bricht man den Vorgang entweder zu früh oder zu spät ab. Ist man zu früh dran, dann ist der Vorgang nicht abgeschlossen. Man hat den Energiefluss unterbrochen und wird ihn auch nicht wieder auf demselben Energieniveau aufnehmen können. Dieser Bruch wird sich in irgendeiner Form im Bild bemerkbar machen. Die Energiedichte und damit die Qualität des Bildes werden durch diesen Bruch etwas absinken. Aber in diesem Fall gibt es immer noch die Möglichkeit der Korrektur. Wenn das Bild genug Energie enthält, ist das nicht weiter schlimm. Ist die Energie des Bildes aber eher von geringerer Natur, dann kommt man irgendwann in den Bereich, wo das Bild zu wenig Energie enthält. Dann ist es kein gutes Bild mehr. Dann hätte man besser gar nicht erst angefangen oder sollte am Besten erst einmal mit dem Malen aufhören und solange warten, bis man wieder mehr Energie zur Verfügung hat. In einem solchen Fall gelingt es nur sehr selten, das Energieniveau des Bildes zu einem späteren Zeitpunkt anzuheben.

Bricht man bei dieser Art der Malerei den Mal- oder Energiefluss zu spät ab, dann kommt es darauf an, wie viel zu spät man dran war. Da es bei dieser Malweise zum Teil um Sekunden geht, muss man sehr konzentriert zu Werke gehen.

Hat man den Zeitpunkt, an dem man hätte aufhören sollen zu lange überschritten, dann ist häufig das Bild kaum noch zu retten. Denn jetzt sind zu viele unterschiedliche Elemente im Bild. Dadurch wird die Struktur des Bildes nicht mehr sichtbar. Das Bild ist dann häufig vermalt. Ist der Zeitpunkt, an dem man besser aufgehört hätte, noch nicht zu lange überschritten, dann kann man das Bild häufig noch retten.

4.) Überarbeitungsphase
In früheren Epochen haben die Künstler ihre Bilder in der vierten Phase relativ lange überarbeitet. Ist die Farbe eines Bildes relativ dünn aufgetragen, ist so etwas machbar. Wird die Farbe aber dick aufgetragen, bilden sich während des Trocknungsprozesses reliefartige Strukturen auf der Leinwand heraus, und die Überarbeitung eines solchen Bildes ist nur sehr eingeschränkt noch möglich. Picasso wie auch Piet Mondrian haben sich für die Überarbeitung ihrer Bilder viel Zeit genommen, Mondrian für die Überarbeitung seiner abstrakten Bilder manchmal bis zu sechs Monaten. Picasso hat seine Bilder oft stundenlang aus einer Entfernung von 5 oder 7 Metern beobachtet. Er hat Abstand genommen. So konnte er Widersprüche im Bild aufdecken und bestimmte Strukturen verstärken, andere abschwächen und so für das Auge einen „roten Faden" durch das Bildgeschehen legen. Denn

das Auge „tanzt" das Bild in etwa 50 Mal in Sekundenbruchteilen ab. Der Maler muss diesen Weg durch das Bildgeschehen für den Betrachter vorgeben, um den Eindruck des Bildes und seine Wirkkraft zu steigern.

Die Überarbeitungsphasen und die Art der Überarbeitung sind in den verschiedenen kreativen Bereichen unterschiedlich. Beim Schreiben von wissenschaftlichen Texten geht es in der Überarbeitungsphase darum, die Idee in eine ansprechende Form zu bringen. Das kostet meistens genau so viel Zeit wie die Findung der Idee selbst. Man hat bestimmte Textpassagen zu streichen, andere vorzuziehen, wieder andere zu ergänzen oder neu zu schreiben. Auch der Fluss der Sprache, die Logik des Aufbaus und die Rechtschreibung müssen überprüft werden. Man benötigt eine gewisse Distanz, um zu sehen wo noch Unstimmigkeiten vorliegen. Das kann eine zeitliche Distanz sein, eine räumliche oder eine fachliche. So können auch Freunde und Bekannte aus anderen Fachgebieten einem helfen, indem sie die richtigen Fragen stellen. Im Bereich der Wissenschaft geht es in der Phase vier um die Brillanz, um die Herausarbeitung der vorher gefundenen Idee. Dies kann einige Zeit in Anspruch nehmen. Auch im musikalischen Bereich ist die Überarbeitungsphase meist lang. Denn nur so kann sichergestellt werden, dass die musikalische Idee klar zum Vorschein kommt. So hat z. B. Frédéric Chopin für ein kurzes zweiminütiges Stück häufig sechs Wochen Zeit gebraucht, um es zu überarbeiten.

Ganz allgemein gilt: für kreative Prozesse bedarf es der Geduld. Denn man muss auf den richtigen Moment warten können. Um mit dem Malen starten zu können, muss man sich einen genauen Eindruck verschafft haben, von dem, was man malen möchte. Hierzu muss man sich genug Zeit genommen haben, genug Eindrücke gesammelt haben, viele Details genau beobachtet haben, um auf der inhaltlichen Seite startklar zum Malen zu sein. Dann muss man in sich hineinhorchen, ob man auch in der Lage ist zu malen, ob man die nötige Energie dafür besitzt. Manchmal ist es auch umgekehrt. Man verspürt viel Energie in sich und möchte malen, hat aber nur eine vage Vorstellung von dem, was man malen möchte. Dann muss man einfach spontan und offen sein und intuitiv nach den passenden Farben, Leinwänden und Pinseln greifen. Da der Energiezustand für ein abstraktes Bild ausschlaggebend ist, gelingt einem in einem solchen Zustand fast jedes Bild.

Beim Malen von abstrakten Bildern kommt die Besonderheit hinzu, dass man den kreativen Prozess nicht unendlich lange fortsetzen kann, denn das Malen unterliegt den verschiedensten Beschränkungen. Es gibt auch ein Mißlingen. Das Bild kann auch überladen sein mit zu vielen Farben oder Formen. Die Essenz des Bildes, die Energie des Bildes, ist dann nicht deutlich genug erkennbar.

Das Schwierige daran ist, dass man erst einmal herausfinden muss, was an einem Bild unstimmig ist. Welche Energien sind blockiert und warum? Wie kann man dem abhelfen? Vielleicht muss man eine bestimmte Form verstärken oder abschwächen? Vielleicht muss eine neue Farbe ins Bild gebracht werden, um mehr Spannung ins Bild zu bekommen? Oder es muss eine Harmonie oder Spannung aufgelöst werden oder Ähnliches mehr.

Manchmal müssen dabei auch größere Flächen überarbeitet werden. So kann es sein, dass man feststellt, dass ein Bild besser eine andere Hintergrundfarbe hätte, z. B. statt eines bestimmten Rottons, doch vielleicht lieber ein Goldton? Dann muss man das ändern. Eigentlich ist das nur eine kleine Änderung, die aber durchaus Zeit in Anspruch nehmen kann. Im Prinzip ist eine Hintergrundänderung nur eine kleine Korrektur. Trotzdem kann sie das Bild stark verändern. Manchmal bedarf es auch nur einer winzigen Kleinigkeit, eines Punktes, eines kleinen Strichs an der richtigen Stelle und in der richtigen Farbe, damit die Energie des Bildes zum Vorschein kommt.

Beim Malen geht es um das Arbeiten mit Energien. Um das zu sehen, muss man das Bild immer wieder minuten- oder gar stundenlang aus einigen Metern Entfernung betrachten und in Gedanken durchspielen, was mit dem Bild passiert, wenn man hier einen Punkt in Blau hinsetzt oder dort die rote Linie verstärkt. Häufig ändert sich dann die Bildaussage fundamental. Ähnlich wie bei einem Satz, der positiv oder negativ formuliert ist oder bei dem bestimmte Teilaspekte anders betont werden durch das Weglassen oder das Hinzufügen eines Wortes.

Kreative Prozesse benötigen die notwendigen zeitlichen Spielräume. Kreativität kann nicht fließen, wenn zeitliche oder räumliche Vorgaben zu eng gesetzt werden.

10.0 Neue Elemente und Strukturen im Wirtschaftsbereich

10.1 Zielsetzungen von Unternehmen jenseits des Gewinns: Wohl der Menschheit, Innovationen, Ästhetik und soziale Netzwerke

Das wichtigste Unterscheidungsmerkmal bleibt: Die Kunst stiftet Sinn, Einheit und Bewusstsein. Unternehmen sind meist ausgerichtet auf das Geldverdienen. Große Unternehmer wie Thomas Alva Edison (1850-1922), Henry Ford (1881-1943) oder Steve Jobs (1955-2011) waren nicht nur am Geldverdienen interessiert. Sie wollten den Menschen etwas geben: Licht, jedem Amerikaner ein Auto oder wie es Steve Jobs ausdrückte: „die Welt ein bisschen besser machen".

Als der Apple-Gründer Steve Jobs 1997 nach zehnjähriger Abwesenheit zu Apple zurückkam, hatte das Unternehmen in dieser Zeit nur von der Substanz gelebt, von der Substanz, die Jobs mit dem genialen Macintosh-Rechner (1984) geschaffen hatte. Dieser Rechner hatte durch Vereinfachungen den Umgang mit dem PC für alle Menschen ermöglicht: Die Maus, ein einfaches Betriebssystem und die Menüführung über Symbole waren wegweisend. Nach dem Weggang von Steve Jobs im Jahr 1987 - der Pepsi-Manager John Sculley, den Jobs selbst geholt hatte, hatte ihn, Steve Jobs, vor die Tür gesetzt - waren keine innovativen, neuen Produkte, nichts Bahnbrechendes mehr entwickelt worden. Man hatte sich auf das Geldverdienen konzentriert - dank der vorhandenen Produkte kein Problem. Aber nach zehn Jahren waren diese Produkte nicht mehr so toll. Das Unternehmen stand kurz vor der Pleite. Die Konzentration auf den Gewinn hatte das Unternehmen buchstäblich an den Rand des Ruins geführt.

Steve Jobs blieben nach seiner Rückkehr nur wenige Monate Zeit, um den *Turn-Around* zu schaffen (Isaacson 2011: 398). Mit Hilfe von Sparmaßnamen, der Aussöhnung mit Microsoft, der Konzentration auf wenige Produkte, gekonnter Werbung und der baldigen Einführung neuer, innovativer Produkte ist es ihm gelungen, den *Turn-Around* zu schaffen. Hauptsächlich war es aber der andere Geist, der in das Unternehmen wieder einkehrte. Steve Jobs hat sich mehr als Künstler denn als Unternehmer gesehen. Die DNA von Apple war im Kern geisteswissenschaftlich und künstlerisch fundiert. Jobs beschreibt, dass die großen Künstler Leonardo da Vinci (1452-1519) und Michelangelo (1475-1564) immer auch hervorragende Naturwissenschaftler und Ingenieure gewesen waren und dass einige Mitglieder im Macintosh-Team auch gute Musiker und Dichter waren (Isaacson 2011: 661ff). Als Jobs zurückkam, ging es nicht mehr nur darum Geld zu verdienen, sondern auch mit ästhetisch anspruchsvollem Design zur Verschönerung der Welt beizutragen und weltweit akzeptierte Produkte herzustellen (Isaacson 2011: 399).

10.2 Zum Stellenwert sozialer Netzwerke

Soziale Netzwerke wie Facebook, Twitter, Xing und andere fragen nach den Werten, die zum Wohl der Gesellschaft und der Umwelt generiert werden. Sie schaffen eine neue Dimension von Öffentlichkeit. Da die Firmen immer stärker versuchen, in den Bereich der sozialen Netzwerke einzudringen, müssen sie auch immer deutlicher herausstellen, was sie zum Wohl der Gesellschaft und der Umwelt tun. Hier findet eine große Veränderung statt. Welchen Beitrag können sie leisten zum Dienst an der Menschheit? Dies ist eine andere Einstellung, als möglichst viel Gewinn zu erwirtschaften. Es läuft immer mehr auf eine Wirtschaft hinaus, die den Menschen, der Erde und der Umwelt dienen will und weniger auf eine Wirtschaft, die die Umwelt nur aus Profitgier ausbeutet. Dies ist eine essentielle Veränderung und der Unterschied, der die Firma Apple wieder in die Spur gebracht hat.

Damit ist eingeleitet, dass Unternehmen nicht mehr von der Substanz „der Erde" leben, sondern etwas zu ihrem Erhalt beitragen werden. Dies ist zum Teil noch Wunschdenken, wird aber bald Alltag sein. Mit den neuen sozialen Netzwerken wird sich vieles verändern. Zumindest nach außen wird dies bereits sichtbar, wenn auch noch vieles Fassade ist. Wie viel sich dahinter verändert, wird man sehen. Zumindest nimmt der Außendruck für die Firmen ständig zu, nachhaltig zu wirtschaften.

Mit der Zeit wird es gar nicht mehr anders möglich sein und die Firmen werden sich von selbst aktiv um mehr Nachhaltigkeit bemühen, weil dies von ihren Kunden erwartet wird. Das

Image der Firma kann heute dank der großen Netzwerke über Nacht von positiv auf negativ wechseln - mit den entsprechenden Folgen für den Börsen- und Marktwert.

Hinzukommt: Die bloße Gewinnorientierung erstickt viel Kreativität und viele Spiel- und Freiräume im Umgang mit der Natur wie auch im Leben der Menschen selbst. Sie verengt das Handeln der Teilnehmer am Wirtschaftskreislauf auf ökonomisches Tun. Meistens geht damit auch eine Einschränkung und ein Zwang in den Handlungsmöglichkeiten einher. Dies entspricht so gar nicht den hehren Zielen von Freiheit und Selbstbestimmung, auf denen das heutige Wirtschaftssystem basiert.

10.3 Ein humanes Wirtschaftssystem

Wie mehrfach betont, basiert das heutige Wirtschaftssystem weitgehend auf den Leitwerten Freiheit und Selbstbestimmung. Dafür sprechen sowohl die entstanden Technologien, das Rechtssystem als auch das Handelsrecht mit seinen Elementen der Vertrags- und Gewerbefreiheit und das in Europa entstandene Finanz- und Kreditwesen.

Aber auch heute gestalten sich Austauschprozesse zwischen den verschiedenen Kulturen ohne eine kulturelle Einheit und einen emotionalen Zusammenhang schwierig. Es kommt hinzu, dass z. B. in Europa-Amerika die Standards für Arbeit- und Umweltschutz hoch sind, aber nicht so in Asien. Die Manchester-Kapitalismus wurde zwar dank der Analysen von Karl Marx (1818-1883) und Friedrich Engels (1820-1895) in Europa-Amerika weitgehend überwunden, er ist aber in den letzten Jahrzehnten von Europa-Amerika nach Asien und in andere Länder exportiert worden. Teilweise kommt er seit geraumer Zeit von dort auch wieder nach Europa-Amerika zurück.

Aber es gibt auch in Asien Aussicht auf Besserung. So hat sich z. B. der neue Apple-Chef Tim Cook bei den Fabriken bei Foxconn in China um Verbesserungen bemüht und eine Überprüfung der Arbeitsverhältnisse durch eine unabhängige Kommission angekündigt. Foxconn ist ein taiwanesisches Unternehmen mit Sitz in China, dass 1974 gegründet wurde. Es beschäftigt heute etwa 1,2 Mio. Arbeitskräfte und stellt für viele der großen Computer- und

Technologiefirmen der Welt Produkte her, neben Apple auch für Intel, Sony, Nokia oder Dell (www.wikipedia.de). Foxconn hatte auf Grund der Negativschlagzeilen schon selbst die Arbeitsbedingungen verbessert und höhere Löhne gewährt (Geinitz 2012).

Schwieriger sieht es bezüglich der Austauschprozesse zwischen Nordamerika-Europa und Afrika-Arabien aus. Wenn es Nordamerika-Europa nicht bald gelingt, Überziehungen der Leitwerte Freiheit und Selbstbestimmung zu überwinden, dann wird sich dieser Kulturraum mehr und mehr nach Asien wenden. Nordamerika und Europa scheinen sich der drohenden Gefahr einer Isolation ihres Kulturraumes kaum bewusst zu sein.

10.4 Das Grundeinkommen als neue Form des Sozialstaats

Europa und insbesondere Deutschland muss sein kreatives Potential weiter erhöhen, um im internationalen Wettbewerb bestehen zu können. Es geht auch um die Schaffung bzw. um die Stärkung von kreativen Freiräumen.

In einer Weltgesellschaft wird das kreative Potential sich immer weiter entfalten. Jede Gesellschaft tut gut daran, hier optimal vorbereitet zu sein. Ein Grundeinkommen würde den kreativen und spielerischen Wert von Arbeit steigern.

Es würde die durch die wirtschaftliche Dynamik verursachten Spannungen verringern und so die Elemente der Einheit und des sozialen Friedens der Gesellschaft stärken. Es wäre ein Element der Selbstveränderung für eine Gesellschaft im Wandel.

Ein Grundeinkommen ist eine Ausweitung der Idee des Versicherungsschutzes. Im Prinzip liegt ein positives Weltbild zu Grunde. So wird davon ausgegangen, dass die Menschen gerne arbeiten, gerne etwas beitragen wollen zur Gesellschaft. Dies war auch die Grundannahme bei der Einführung der Kranken-, Unfall- und Arbeitslosenversicherung Ende des 19. und zu Beginn des 20. Jahrhunderts. Ein Grundeinkommen wäre lediglich die Fortentwicklung dieser Idee für das 21. Jahrhundert. Die wenigen, die nichts beitragen wollen, sind zu vernachlässigen, denn es werden geschätzt maximal 5 % sein. Für die allermeisten wird das Grundeinkommen ein großer Segen sein; sie werden ihre kreativen Freiräume bestmöglich nutzen, zu ihrem eigenen Wohl und zu dem der Gesellschaft.

10.4.1 Grundeinkommen für hochentwickelte Staaten

Die Umstellungen von der Agrar- auf die Industriegesellschaft haben vielfache Veränderungen mit sich gebracht, u. a. wurde der Sozialstaat in Deutschland eingeführt, der lange Zeit Vorbild war.

Gegenwärtig erfolgen weitere Umstellungen von der Industrie- über die Informations- und Wissensgesellschaft hin zur Welt-, Kreativ- und Kulturgesellschaft. Auch heute bringen diese Umstellungen vielfach Veränderungen mit sich. Darum ist zu überlegen, ob nicht neue Antworten auf die soziale Frage erforderlich sind, um adäquat mit diesen Veränderungen umgehen zu können.

Tab. 29 Geburtenzahlen in Gesamtdeutschland in Mio.
Erläuterung: Die dem Jahr 1950 zugeordnete Zahl der Geburten reichte aus, um die Bevölkerung nicht schrumpfen zu lassen. Nach 1970 liegen die Sterberaten über den Geburtenraten. Gegenwärtig kann sich die deutsche Bevölkerung nur noch zu etwa zwei Dritteln ersetzen.

Jahr	Anzahl der Geburten
1950	1,12
1960	1,26
1970	1,05
1980	0,87
1990	0,91
2000	0,77
2009	0,67

Quelle: St. Jb. 2011: 55.

Gesellschaftlich problematisch ist vor allem das Wegbrechen der Mittelschicht, auch demographisch. Vor allem die Akademikerinnen bekommen immer weniger Kinder. Zudem ist das durchschnittliche Heiratsalter bei der Erstheirat in dem Zeitraum von 1985 bis 2009 deutlich angestiegen: bei Männern von 26,6 auf 33,1 Jahren und bei Frauen von 24,1 auf 30,2. Da nach wie vor ca. zwei Drittel aller Kinder ehelich geboren werden, zeigt dies auch eine gewisse Tendenz zu einer späteren Geburt des ersten Kindes an (St. Jb. 2011: 57). Die Gesellschaft droht in der mittleren Altersgruppe auseinanderzubrechen: immer weniger junge Menschen müssen immer mehr Ältere immer länger ernähren.

Hinzukommen unsoziale Tendenzen auf den Arbeitsmarkt mit Minijobs, 1-Euro-Jobs, Hartz-IV-Aufstockern, Dumping-Löhnen, Leiharbeitern und Ähnlichem mehr. Auch die industrielle Reservearmee der gut ausgebildeten Akademiker, die von Praktikum zu Praktikum, von Projekt zu Projekt, von Leiharbeit zu Leiharbeit und von befristeter Anstellung zu befristeter Anstellung wechselt, ist groß. Weiterhin entstehen heute hohe Kosten auf Grund von Arbeitsstrukturen, die noch aus der Industriegesellschaft stammen und häufig so nicht mehr passen, weder zeitlich, noch finanziell, noch bezüglich der Gründung einer Familie. Dies schafft Spannungen im Arbeitsverhältnis und verhindert wirtschaftliches Wachstum. Die damit einhergehenden gesellschaftlichen Spannungen sind inzwischen so groß geworden, dass die bundesrepublikanische Gesellschaft kurz vor der Zerreißprobe steht, sie ist kaum noch zusammenzuhalten. Eine Implosion der deutschen Gesellschaft hatte schon im 20. Jahrhundert globale Auswirkungen. Zwei Weltkriege haben das bewiesen.

U. a. könnte die Einführung eines Mindestlohns die sozialen Spannungen abmildern helfen. Auch die Besserstellung des Kultur- und Bildungsbereichs würde diese Spannungen verringern, denn die gesellschaftliche Bedeutung einer solchen Maßnahme wäre groß. Integrations- und Motivationskraft sowie Zukunftsoptimismus würden gesteigert werden. Die Kosten einer solchen Maßnahme würden bei nur wenigen Milliarden Euro pro Jahr liegen.

Ein Grundeinkommen wäre eine umfassendere Lösung, um strukturelle Schwierigkeiten im Arbeitsbereich beseitigen zu können. Dies hätte auch Auswirkungen auf den Wissenschafts-, den Bildungs- und den Gesundheitsbereich sowie auf den familiären Bereich und auf die demographische Entwicklung. Vor allen Dingen würde es kreativ-dynamische Kräfte im

Wirtschafts- und Kulturbereich freisetzen und Deutschland wirtschaftlich und kulturell weit nach vorne bringen. Es wäre eine mögliche Antwort auf die soziale Frage im 21. Jahrhundert.

10.4.2 Möglichkeiten der Einführung eines Grundeinkommens

Die Idee des Grundeinkommens stammt von Götz Werner (*1944), dem Gründer der dm-drogeriemarkt-Kette. In seinem Buch „Ein Grund für die Zukunft: das Grundeinkommen" beschreibt er, dass seiner Ansicht nach heute alles zu sehr unter monetären Gesichtspunkten gesehen wird. Eigentlich ginge es um Vertrauen; denn jeder sei um Leben zu können auf die Leistungen anderer angewiesen. Werner meint, dass die 720 Mrd. Euro an Transferleistungen, die der Staat für alle Sozialleistungen insgesamt jährlich

ausgibt, sofort für ein Grundeinkommen zur Verfügung stehen könnten (Werner 2007: 16, 29). Diese Summe umfasst auch die staatlichen Zuschüsse zur Rente.

Es ist zu überlegen, ob es nicht sinnvoller ist, alles auf eine andere Basis zu stellen. Die Einführung eines Grundeinkommens für die 26 bis 35Jährigen erscheint sinnvoll. Dies waren im Jahr 2009 10 Mio. Menschen in Deutschland (St. Jb. 2011: 44). Wenn jeder ungefähr 1.200 Euro pro Monat bekommt und zusätzlich 300 Euro in die Krankenkasse eingezahlt werden, sind das pro Jahr ca. 200 Mrd. Euro. Es gilt abzuschätzen, wie sich diese Kosten tragen werden und wie man eine Vernetzung mit den bestehenden Systemen ermöglichen kann.

Angenommen ab 2014 würde ein Grundeinkommen eingeführt. Es würde 10 Jahre lang laufen und jedes Jahr käme der nächste Jahrgang mit 26 Jahren dazu. Nach 10 Jahren würde dann Bilanz gezogen, ob das Projekt weitergeführt wird oder nicht. Dieser Zeitraum scheint angemessen, denn die neue Situation muss erst erfasst werden, die Menschen müssen sich erst darauf einstellen können. So werden z. B. einige Menschen zusätzlich ins Ausland gehen und dort nach einigen Jahren etwas aufbauen, was auch für die hiesige Gesellschaft von Vorteil sein wird, wie Reisebüros, Export von exotischen Früchten, Muscheln oder Rohstoffen usw. Die Menschen im Ausland werden etwas davon haben, aber auch die Menschen hier in der

Bundesrepublik Deutschland werden davon profitieren können in der einen oder anderen Form. Es werden neue Angebote entstehen, neue Jobs, sowohl in Deutschland als auch außerhalb Deutschlands.

Kostenreduktionen ergäben sich durch die Einführung einer Verringerung des Grundeinkommens mit zunehmendem eigenen Einkommen, z. B. wie folgt: Bei einem Einkommen von 1.000 Euro netto pro Monat wird das Grundeinkommen, um 200 Euro reduziert, bei 2.000 Euro netto pro Monat um 400 Euro usw. Dies würde geschätzt ca. 14 bis 15 Mrd. Euro im Jahr einsparen.

Um den Zuzug von anderen EU-Ländern nach Deutschland zu reduzieren, wird das Grundeinkommen nur gewährt, wenn jemand deutscher Staatsbürger ist oder nachweisen kann, dass er oder sie zehn Jahre lang ohne Unterbrechung in Deutschland gelebt hat. Es wird damit gerechnet, dass das Grundeinkommen die Kosten für die Kinderbetreuung reduziert, zu einer höheren Geburtenzahl führt, die Gesundheitskosten reduziert, die Kreativität und somit auch die volkswirtschaftliche Produktivität erhöht. Auch das Mobbing am Arbeitsplatz wird weitgehend überflüssig sein, denn es gibt keinen Zwang mehr, einer bestimmten Tätigkeit nachzugehen. Die Einführung eines Grundeinkommens macht nur Sinn, wenn die wirtschaftlichen Vorteile die Kosten bei weitem übersteigen.

Das Grundeinkommen würde einen weiteren Baustein liefern, um den globalen Veränderungen in Bezug auf die wirtschaftliche Dynamik Rechnung zu tragen. Und es würde helfen, der Würde von Arbeit, von Kreativität und von neuem Leben und damit auch der Erneuerung und der Innovation neuen Schwung und einen neuen Stellenwert zu geben.

In zehn bis zwanzig Jahren wird dies sehr wahrscheinlich Wirklichkeit sein. Schon allein die wirtschaftliche Dynamik, die sich in diesem Zeitraum entfalten wird, wird Gründe genug dafür liefern ein solches Grundeinkommen einzuführen.

# IV. Erweiterungskatalog der Grund- und Menschenrechte für eine Weltgesellschaft

IV. Erweiterungskatalog der Grund- und Menschenrechte für eine Weltgesellschaft

Präambel

Aus der Würde des Menschen heraus wurden in der UNO-Menschenrechts-Erklärung von Dezember 1948 bestimmte Freiheits- und Bürgerrechte eingefordert. Diese Forderungen betrafen vor allem politische, soziale und kulturelle Gegebenheiten, welche über Jahrhunderte vor allem in der westlichen Welt zu Missständen geführt hatten sowie politische, soziale und kulturelle Konsequenzen, welche aus den zwei Weltkriegen des 20. Jahrhunderts gezogen wurden.

Aus der kollektiven Würde und Einheit der Menschheit heraus werden hier Forderungen aufgestellt, die die in den letzten Jahrzehnten entstandenen Missstände im kulturellen, politischen und sozialen Bereichen beseitigen sollen, nicht nur in der westlichen Welt, sondern weltweit. Die Einheit der Menschheit ist für diese Forderungen als Leitlinie anzuführen.

Eine intakte Natur und Umwelt stehen für eine gesicherte und friedliche Zukunft der Menschheit. Eine intakte Umwelt ist Grundvoraussetzung für ein Leben im Einklang mit der Natur und mit anderen Kulturen. Eine nachhaltige Wirtschaftsweise muss sowohl umwelttechnische als auch soziale Aspekte beinhalten.

Die Zusammenhänge zwischen Umweltschutz, sozial-ethischen Standards und Frieden werden ausdrücklich betont. Es liegt die Einheit allen Lebens zu Grunde.

Die Freiheitsrechte des Individuums sind zu ergänzen um die Freiheitsrechte des Kollektivs. Die Würde des Menschen ist zu ergänzen um die Würde der Tier- und Pflanzenwelt und um die Würde des Planeten Erde.

Art. 1 *Grundrechte des Kollektivs der einen Menschheit auf ein*
Recht auf Wasser, Nahrung, Kleidung, Bildung und medizinische Grundversorgung

Allen Menschen steht ein Grundrecht auf Nahrung, Wasser, Kleidung, Bildung und medizinische Grundversorgung zu. Es ist dafür zu sorgen, dass diese Grundrechte eingehalten werden. Diese Grundrechte gelten für alle Menschen, auch für Menschen mit nomadischer Lebensform, Zugang zu Wasser auch für Tiere und Pflanzen. Entsprechende regionale Projekte sind mit Hilfe von Spenden und freiwilligen Helfern zu fördern. Dabei müssen nachhaltige Kriterien Vorrang haben. Großprojekte sind nur zu fördern, wenn ihr Nutzen für Mensch, Tier und Umwelt einwandfrei und auf Dauer nachgewiesen worden ist. Große Staudammprojekte sind grundlegend zu überprüfen auf ihren langfristigen Nutzen für die Menschen vor Ort.

Art. 2 *Verbot von der Verschmutzung und Verunreinigung der Erde,*
der Meere und der Erdatmosphäre

Dies beinhaltet den Aufbau einer Kreislaufwirtschaft nach dem *Cradle-to-Cradle-Prinzip* (von der Wiege zur Wiege), welches die Reduktion von Schadstoffen in Wirtschaftskreisläufen anstrebt. Auch moderne Recycling-Systeme haben bisher nur die Anzahl der Umläufe von schädlichen Stoffen im Wirtschaftskreislauf erhöht; nach einer bestimmten Umlaufzeit, müssen diese Stoffe als Schadstoffe entsorgt werden. Das *Cradle-to-Cradle-Prinzip* versucht, nur Stoffe in den Wirtschaftskreislauf einzubringen, die immer wieder verwendet werden können, ohne irgendwann als Schadstoff entsorgt werden zu müssen. Bei neuen Produktionsverfahren kann das *Cradle-to-Cradle-Prinzip* direkt Anwendung finden. Bei laufenden Produktionsverfahren lassen sich die schädlichen Stoffe über ein Stufensystem Schritt für Schritt zurückführen. Auch gilt das Verbot von der Verklappung von Giftstoffen im Meer oder ihr Export in andere Länder und Kulturräume. Erzeugte Giftstoffe dürfen nicht exportiert werden. Dies beinhaltet das Verbot von Atomwaffen-Tests und der Verklappung von chemischen Kampfstoffen und anderen militärischen Gütern auf offener See oder an anderer Stelle.

Art. 3   *Reduktion von Treibhausgasen*

Der Ausbau der erneuerbaren Energien und ihre dezentrale Verteilung ist Grundlage für eine friedliche Nutzung von natürlichen Ressourcen. Erhöhter Treibhausgas-Austausch muss verringert werden, damit die Erde sich nicht noch weiter erwärmt und der Meeresspiegel nicht noch weiter ansteigt. Dies reduziert Ernteausfälle, Trinkwasserknappheit und Überschwemmungen und verringert so gewaltsame Konflikte um Boden, Wasser und Nahrung.

Art. 4   *Energieeffizienz und recyclingfähige Energiesysteme*
Angestrebt werden Energiesysteme, die einen möglichst geringen Energieverbrauch aufweisen. Dies verringert den Transport von Brenn-, Treib- und Kraftstoffen und schont das Erdklima. Die Herstellung von regenerativen Energiesystemen hat umweltfreundlich zu erfolgen. Zudem sollten diese Systeme möglichst vollständig recyclingfähig sein. Auch die heute üblichen Kraftwärmemaschinen bzw. Brennstoffzellen sollten mit umweltfreundlichen Kraftstoffen betrieben werden. Es erfolgt keinerlei Verwendung von Lebensmitteln zur Herstellung von Brenn-, Treib- oder Kraftstoffen. Die Quote von etwa 40 % des Weltgetreideverbrauchs für die Viehfütterung ist drastisch zu reduzieren.

Öl- und Gasproduzenten haben eine Abgabe auf jede Tonne geförderte Öl- und Gasmenge zu bezahlen. Dies wird ein Weltklimarat einfordern. Dieses Geld geht an die ärmeren Länder, welche am stärksten unter dem Klimawandel zu leiden haben. Das Zeitalter der fossilen Brennstoffe muss zu Ende gehen.

Art. 5   *Rechte des Kollektivs*
Das Recht der Menschheit auf Leben steht über dem Recht der Banken, der Wirtschaft und einiger weniger auf Profit. Das Finanz- und Wirtschaftssystem hat sich diesem Recht unterzuordnen. Dies beinhaltet den Schutz besonders schützenswerter Lebensräume, wie den Polargebieten und den Gewässern vom 85. bis 90. Breitengrad in der nördlichen und südlichen Hemisphäre sowie den Schutz der Regenwälder der Erde, die zwischen dem Äquator und dem 20. Breitengrad der südlichen und nördlichen Hemisphäre liegen. Weitere Naturschutzgebiete legt eine Kommission fest.

In diesen Gebieten vorkommende Erdöl- und Erdgasreserven und andere Bodenschätze werden nicht abgebaut. Länder, die Anteil an diesen Gebieten haben, werden entsprechend der Größe der Vorkommen von der Weltgemeinschaft entschädigt. Die Entschädigung hat in geldwerten Vorteilen zu erfolgen oder durch eine Unterstützung in sonstiger Form, wie z. B. dem Aufbau der Infrastruktur oder der Tourismus-Industrie eines ärmeren Landes. Dies hat in Absprache mit dem betroffenen Land zu erfolgen. Die Größe der Vorkommen an Rohstoffen wird von einer unabhängigen Kommission geschätzt; diese hat die Weltregierung (vgl. Art. 8) ins Leben zu rufen. Länder mit geschützten Gebieten können diese in gewissen Grenzen dem sanften Tourismus öffnen.

Art. 6 *Umbau auf regenerative Energien*

Der Umstieg auf ein Wasserstoff-Wirtschaftssystem ist voranzutreiben. Hierzu bilden die fortschrittlichsten Staaten der Erde, die G-34, ein Forschungsteam, welches eine Forschungsbehörde unterhält, um den schnellstmöglichen Umbau des Wirtschaftssystems zu erreichen. Die G-34 setzen sich zusammen aus den G-20 Staaten der Industrie- und Schwellenländer (USA, Kanada, Italien, Frankreich, Deutschland, Japan, Großbritannien, Russland, EU, Argentinien, Australien, Brasilien, China, Indien, Indonesien, Mexiko, Saudi-Arabien, Südafrika, Südkorea, Türkei) und den G20+ der Entwicklungsländer (Argentinien, Brasilien, Bolivien, Chile, China, Kuba, Ägypten, Guatemala, Indien, Indonesien, Mexiko, Nigeria, Pakistan, Paraguay, Philippinen, Südafrika, Tansania, Thailand, Uruguay, Venezuela und Simbabwe; http://commerce.nic.in/wto_sub/g20/pressrel.htm).

Die G-34 wären der Zusammenschluss beider Gruppen, der G-20 und der G20+. Es sind nur 34 und keine 41 Länder, weil sieben Länder in beiden Gruppen vertreten sind: Indien, China, Argentinien, Brasilien, Südafrika, Mexiko und Indonesien. Finanziert wird das Forschungsteam anteilig von den G-34 Staaten in Abhängigkeit des Bruttoinlandsprodukts (BIP) der jeweiligen Länder. Standort des Forschungsteams und der Forschungsbehörde ist Paris.

Art. 7 *Verbot des Missbrauchs von Rechtssystemen zum Schaden von anderen Kulturen und Gesellschaften*

Eigentumsrechte an Pflanzen, Tieren und Menschen sind aufgehoben. Gentechnische Veränderungen an Pflanzen und Tieren und das Einbringen solchermaßen veränderter Lebens- und Futtermittel in den Warenwirtschaftsverkehr werden unter Strafe gestellt. Zahlungsforderungen an Dritte wegen des Einbringens von gentechnisch veränderten Lebensmitteln in den Warenwirtschaftsverkehr sind nichtig.

Art. 8 *Aufbau einer Weltregierung*

Der Aus- und Aufbau einer demokratisch legitimierten Weltregierung, welche im Einzelnen entsprechende Gesetze und Verordnungen zum Schutz der Natur und Umwelt erlässt, ist zu unterstützen. Die Einrichtung der Weltregierung ist zu beschleunigen. Hierfür sind für das mobile Internet, der Ausbau einer Software für Smartphones zur Beteiligung an Wahlprozessen bereitzustellen und dieser Prozess ist zu beschleunigen.

Art. 9 *Aufbau einer Evakuierungsgruppe*

Der Klimawandel lässt sich nur noch eindämmen, nicht mehr völlig aufhalten. In den nächsten Jahren wird es viele schwere Klimaschäden aller Art geben wie Dürren, Überschwemmungen und Extrem-Wetter. Davon werden nicht mehr nur vereinzelte Regionen betroffen sein. Es wird notwendig werden, die Bevölkerung dieser Landstriche entsprechend zu versorgen, wozu Trinkwasser, Nahrungsmittel, Decken und Zelte gehören. Eine Eingreiftruppe, die hilft, Menschen schnell zu evakuieren und zu versorgen, ist aufzubauen.

Art. 10 *Globaler Kulturaustausch*

Die Förderung des globalen kulturellen Austausches gehört zu den Hauptaufgaben neuer Institutionen. Hierzu gehören die Förderung von Veranstaltungen zu Musik-, Theater-, Literatur-, Film- und Tanzfesten sowie die Förderung von Kunst- und Designmessen, die explizit zum Ziel haben, ein neues Weltbewusstsein zu fördern. Auch kulturraumübergreifende Architektur- und Städtebau-Ausstellungen und Wettbewerbe sind zu fördern, da die Anforderungen an die globalen und vernetzten Megastädte wachsen werden.

Literaturverzeichnis

- Antwerpes, Sarah, Die Kunst moderner Markenführung. Die „Marke Obama" als Wegweiser für erfolgreiches Marketing, Wiesbaden 2011
- Blecker, Jürgen (Hrsg.), Chemie für Jedermann, zusammenfassende Darstellung der „Zaubervorlesungen" von Rudi van Eldik an der Universität Erlangen-Nürnberg in den Jahren 1995 bis 2009, www.zaubervorlesung.de, München 2010
- Bommert, Wilfried, Bodenrausch, Frankfurt a. M. 2012
- Bommert, Wilfried, Kein Brot für die Welt, München 2009
- Bourdieu, Pierre, Ökonomisches Kapital - kulturelles Kapital - soziales Kapital, In: Kreckel, Reinhard (Hrsg.), Soziale Ungleichheiten, Sonderband 2, Soziale Welt, Baden-Baden 1983, S. 183-198
- Braun, Hans-Joachim, Die 101 wichtigsten Erfindungen der Weltgeschichte, München 2005
- Brockhaus, Der Brockhaus in einem Band, Gütersloh, München 2011
- Brockhaus, Enzyklopädie in 30 Bänden, 21. Aufl., Mannheim, Leipzig 2006
- Collatz, Klaus-Günter, Fäßler, Peter u. a., Lexikon der Naturwissenschaften, Heidelberg, Berlin, Oxford 1996
- Czartowski, Tory, Die 500 bekanntesten Marken der Welt, Frankfurt a. M. 2004
- Duchin, Melanie, BP Delays Dangerous Liberty Project in Alaska`s Artic Ocean, Blogpost vom 01.12.10, www.greenpeace.org/usa/en/news-and-blogs/campaign-blog/bp-delays-dangerous-liberty-project-in-alaska/blog/29204/, USA, o. O. 2010
- dtv-lexikon, Lexikon in 20 Bänden, TB-Ausgabe, Mannheim, München 1997
- Eidam, Klaus, Das wahre Leben des Johann Sebastian Bach, zuerst 1999, 3. Aufl., München, Zürich 2000
- Ernst, Andrea, Kurt Langbein und Hans Weiss, Gift-grün - Chemie in der Landwirtschaft und die Folgen, München 1988
- Fischer Weltalmanach, Zahlen, Daten, Fakten 1963, Frankfurt a. M. 1962
- Fischer Weltalmanach, Zahlen, Daten, Fakten 1999, Frankfurt a. M. 1998
- Fischer Weltalmanach, Zahlen, Daten, Fakten 2010, Frankfurt a. M. 2009
- Fischer Weltalmanach, Zahlen, Daten, Fakten 2011, Frankfurt a. M. 2010

- Fischer Weltalmanach, Zahlen, Daten, Fakten 2012, Frankfurt a. M. 2011
- Geinitz, Christian, Wie Apple in China reich wird - und doch Probleme bekommt, In: Frankfurter Allgemeine Zeitung vom 25.04.12, www.faz.net, Frankfurt a. M. 2012
- Gerhardt, Peter, Die Jahrhundert-Pleite. Wie der Lehmann-Crash die Welt veränderte, Film auf Phoenix vom 03.12.09 um 21 Uhr, Mainz 2009
- Germis, Carsten, Elektroindustrie - Japans müde Riesen, In: Frankfurter Allgemeine Zeitung vom 13.04.12, Frankfurt a. M. 2012
- Global Footprint Network, Ecological Footprint Atlas 2010, www.footprintnetwork.org, USA, Oakland 2010
- Gympel, Jan, Geschichte der Architektur. Von der Antike bis Heute, Köln 1996
- Hägermann, Dieter, Schneider, Helmuth, Propyläen Technik Geschichte in fünf Bänden, Landbau und Handwerk, Bd. 1, Berlin 1997
- Heidegger, Martin, Die Frage nach der Technik, In: Heidegger, Martin, Vorträge und Aufsätze, 7. Aufl., Stuttgart 1994, S. 9-40
- Hirn, Wolfgang, Der Kampf ums Brot, Frankfurt a. M. 2009
- Hoering, Uwe, Agrar-Kolonialismus in Afrika. Eine andere Landwirtschaft ist möglich, Forum Umwelt und Entwicklung, Hamburg 2007
- IAASTD International Assessment of Agricultural Knowledge, Sciene and Technology for Development (Weltagrarrat), Weltagrarbericht, Synthesebericht, angenommen und veröffentlicht in Johannesburg in Südafrika im April 2008. Einige Länder haben den Bericht nicht unterzeichnet, u. a. die USA, Kanda und Deutschland. Große Agrarkonzerne haben sich von der Mitarbeit am Bericht zurückgezogen wie Monsanto, Syngenta und die BASF. Die deutsche Fassung wurde herausgegeben von Stephan Albrecht und Albert Engel von der Universität Hamburg, Hamburg 2009
- International Panel of Climate Change (IPCC), Synthesis Report, Climate Change 2007, Zusammenfassung aller Arbeitsgruppen, die am Fourth Assessment Report mitgearbeitet haben, www.ipcc.ch, erschienen am 17. November 2007, Genf 2007
- Isaacson, Walter, Steve Jobs, München 2011
- Jezewska, Zofia, Chopin, Warschau 1985
- Kern, Peter, Massenproduktion: Dreiviertel aller Handys kommen aus China, In: Tom´s Hardware weltweit, www.tomshardware.de/china-handy-lcd,new-245026.html, Online-Artikel vom 25.11.2010, o. O. 2010

- Krautscheid, Jutta, Schnellkurs Tanz, Köln 2004
- Küppers, Harald, Das Grundgesetz der Farbenlehre, zuerst 1978, 8. Aufl., Köln 1997
- Lenk, Hans, Eigenleistung: Plädoyer für eine positive Leistungskultur, Osnabrück 1983
- Löwenstein, Felix zu, Food Crash. Wir werden uns ökologisch ernähren oder gar nicht mehr, München 2011
- Luhmann, Niklas, Die Weltgesellschaft, In: Archiv für Rechts- und Sozialphilosophie (Bd. 57), o. O. 1971, S. 1-35
- Luhmann, Niklas, Die Weltgesellschaft, In: Luhmann, Niklas, Soziologische Aufklärung, Bd. 2, sechsbändige Aufsatzsammlung von Niklas Luhmann, Frankfurt a. M. 1975, S. 51-71
- Matis, Herbert, Die Wundermaschine, Frankfurt a. M., Wien 2002
- Münchau, Wolfgang, Kernschmelze im Finanzsystem, München 2008
- Murphy, Joseph, Das I-Ging und Ihr Unterbewusstsein, zuerst amerik. 1980, Kreuzlingen, München 2008
- Naturland, Naturland Fair Richtlinien, www.naturland.de, Richtlinien vom Mai 2011, Gräfelfing 2011
- Nehberg, Rüdiger, Die Kunst zu Überleben - Survival, Frankfurt a. M., Berlin, Wien 1984
- Njanji, Susan, Mongalvy, Sophie, Das Nigerdelta stirbt qualvoll - Jeden Tag eine Ölpest, www.N24.de, Artikel vom 14.07.10, Berlin 2010
- Ökorecherche, Büro für Umweltforschung und -beratung GmbH, Die große Bedeutung fluorierter Treibhausgase für die Klimaänderung und die Rolle der Kälte- und Klimatechnik, Studie für Greenpeace, Zusammenfassung, www.oekorecherche.de, Frankfurt, Brüssel 2004
- Platon, Kratylos, gesammelte Werke in 6 Bänden, Reinbek bei Hamburg 1990
- Putzer, Hans, Hungerkriege, Graz 2010
- Randelzhofer, Albrecht (Hrsg.), Völkerrechtliche Verträge, 12. Aufl., München 2010
- Reichholf, Josef H., Der Tanz um das goldene Kalb, zuerst 2004, 3. Aufl., Berlin 2011
- Riedel, Erwin, Janiak, Christoph, Anorganische Chemie, 8. Aufl., Berlin, New York 2011
- Ries, Al, Ries, Laura, Die Entstehung der Marken, zuerst amerik. 2004, Frankfurt a. M. 2005
- Rifkin, Jeremy, Die emphatische Zivilisation. Wege zu einem globalen Bewusstsein, zuerst amerik. 2009, Frankfurt a. M. 2010

- Rifkin, Jeremy, Die H$_2$-Revolution. Mit neuer Energie für eine gerechte Weltwirtschaft, zuerst amerik. 2002, Frankfurt a. M. 2005
- Robin, Marie-Monique, Mit Gift und Genen, Wie der Biotech-Konzern Monsanto unsere Welt verändert, zuerst franzö̈s. 2008, München 2009
- Rosteck, Jens, Hans Werner Henze, Berlin 2009
- Schaumann, Wolfgang, Das Lebendige in der Landwirtschaft, Darmstadt 2002
- Schilling, Hans-Dieter, Hildebrandt, Rainer, Primärenergie - Elektrische Energie. Die Entwicklung des Verbrauchs an Primärenergieträgern und an elektrischer Energie in der Welt, In: Peters, Werner (Hrsg.), Rohstoffwirtschaft International, Bd. 6, Essen 1977
- Shiva, Vandana, Der Kampf um das Blaue Gold, Ursachen und Folgen der Wasserverknappung, Zürich 2003
- Shiva, Vandana, Geraubte Ernte, Biodiversität und Ernährungspolitik, Zürich 2004
- Shiva, Vandana, Leben ohne Erdöl, Eine Wirtschaft von unten gegen die Krise von oben, Zürich 2009
- Sieren, Frank, Der China Code, 5. Aufl., Berlin 2005
- Simmel, Georg, Das Geld in der modernen Kultur, In: Simmel, Georg, Schriften zur Soziologie, TB, Frankfurt a. M. 1983, S. 78-94
- Simmel, Georg, Psychologie des Schmucks, In: Simmel, Georg, Schriften zur Soziologie, TB, Frankfurt a. M. 1983, S. 159-166
- Singh, Rajinder, Kraft der Seele, zuerst amerik. 1997, Schweiz, Neuhausen am Rheinfall 1997
- Statistisches Bundesamt, Datenreport 2008, Bonn 2008
- Statistisches Bundesamt, Länderprofil USA, Wiesbaden 2006a
- Statistisches Bundesamt, Statistisches Jahrbuch 1955, Wiesbaden 1955
- Statistisches Bundesamt, Statistisches Jahrbuch 1962, Wiesbaden 1962
- Statistisches Bundesamt, Statistisches Jahrbuch 1969, Wiesbaden 1969
- Statistisches Bundesamt, Statistisches Jahrbuch 1972, Wiesbaden 1972
- Statistisches Bundesamt, Statistisches Jahrbuch 1980, Wiesbaden 1980
- Statistisches Bundesamt, Statistisches Jahrbuch 2011, Wiesbaden 2011
- Statistisches Bundesamt, Statistisches Jahrbuch für das Ausland 2005, Wiesbaden 2005
- Statistisches Bundesamt, Statistisches Jahrbuch für das Ausland 2006, Wiesbaden 2006
- Steinbrück, Peer, Unterm Strich, Hamburg 2010

- Süddeutsch.de, Tankerunglücke seit 1976 - Ölteppiche auf allen Meeren, www.süddeutsche.de, Artikel vom 19.11.2002, München 2002
- Teske, Sven (Hrsg.), energy (r)evolution. A sustainable global energy outlook, report global energy scenario, Greenpeace International Amsterdam, European Renewable Energy Council (EREC) Brüssel, DLR Institute of Technical Thermodynamics, Department of Systems Analysis and Technology Assessment Stuttgart, Amsterdam 2008
- Tzscheutschler, Peter, Nickel, Michael u. a., Energieverbrauch in Deutschland, Spezial, In: VDI Verein Deutscher Ingenieure, BWK Das Energie Fachmagazin, Bd. 61, Nr.6, www.eBWK.de, Düsseldorf 2009
- United Nations Development Programme (UNDP), Human Development Report 2009, Overcoming barriers: Human mobility and development, New York 2009
- Wala, Hermann H., Meine Marke, zuerst 2011, 2. Aufl., München 2012
- Watson, Peter, Ideen, Eine Kulturgeschichte von der Entdeckung des Feuers bis zur Moderne, zuerst engl. 2005, München 2008
- Weimer, Wolfram, Geschichte des Geldes, zuerst 1992, später als TB, Frankfurt a. M. 1994
- Werner, Götz, Ein Grund für die Zukunft: das Grundeinkommen, 5. Aufl., Stuttgart 2007
- Wessbecher, Harald, Die Energie des Geldes, zuerst 2001, 3. Aufl., München 2004
- Wolff, Sören, Eine kurze Geschichte des Geldes, Marburg 2010

Über den Autor

Eduard Schäfers wurde 1968 in Osnabrück geboren. Er studierte zunächst Physik an der Universität Konstanz. 1996 schloss er sein Magisterstudium an der Universität Karlsruhe in Berufspädagogik, Philosophie und Soziologie ab.

Er hat bereits diverse Berufstätigkeiten ausgeübt, u. a. in Hamburg bei Libri, *Books on Demand,* und als wissenschaftlicher Mitarbeiter am Zentrum für Kunst und Medientechnik (ZKM) in Karlsruhe. Reisen und Studium waren die Basis für eine intensive Beschäftigung mit klassischer Musik, Literatur, Kunst und Philosophie.

Seit 1992 datiert die Auseinandersetzung mit zeitgenössischer Kunst und seit 1999 malt er selbst. Das Improvisieren auf dem Klavier gehört zu seinen Lieblingstätigkeiten.

Weitere Buchveröffentlichungen:
Die Kreativgesellschaft. Eine soziologische Untersuchung zur Zukunft der Gesellschaft; Cuvillier-Verlag, Göttingen, 12/2007. www.kreativgesellschaft.com.
Der Kulturraum Europa. Einflüsse auf die Zukunft der Weltgesellschaft, Cuvillier-Verlag, Göttingen, 08/2009.
Die Kulturgesellschaft. Grundstrukturen der Weltgesellschaft der Zukunft, Cuvillier-Verlag, Göttingen, 05/2011.